학교자율운영 2.0

2.0 학교개혁의 전개와 전망

학교자율운영
2.0 학교개혁의 전개와 전망

초판 1쇄 발행 2019년 2월 28일
초판 2쇄 발행 2020년 11월 11일

지은이 김용
펴낸이 김승희
펴낸곳 도서출판 살림터

기획 정광일
편집 조현주
북디자인 꼬리별

인쇄·제본 (주)신화프린팅
종이 (주)명동지류

주소 서울시 양천구 목동동로 293, 22층 2215-1호
전화 02-3141-6553
팩스 02-3141-6555
출판등록 2008년 3월 18일 제313-1990-12호
이메일 gwang80@hanmail.net
블로그 http://blog.naver.com/dkffk1020

ISBN 979-11-5930-091-2 93370

학교자율운영 2.0
학교개혁의 전개와 전망

김용 지음

 살림터

　학교자율운영은 근래 한국 교육에서 자주 운위되면서도 그 실체를 파악하기가 어려운 개념 중 하나이다. 1990년대 중엽 이후 오늘에 이르기까지 학교자율운영은 학교개혁의 지향점이자 원리가 되어 왔다. 학교자율운영은 삼십여 년 이상 지속된 군사 정권의 타율적이고 획일적인 교육행정의 대척점에 성립하는 것이었으며, 소망하는 교육의 정신 또는 학교의 미래상을 구현한 것이었다. 하지만 이 개념의 중요성에 비추어 관련 학문적 탐구는 매우 미진했다. 학교자율운영은 그 실질이 규명되기도 전에 실천 영역에서 온갖 기대를 한 몸에 받았고, 나중에 일부에서는 비난의 대상이 되기도 했다. 학교자율운영이라는 개념을 다각적으로 분석하는 일은 현 단계 교육 연구자들에게 중요한 과제가 된다.

　학교자율운영이라는 개념 역시 어떤 역사적 연원이 있을 것이며, 그 개념이 등장한 사회적 배경이 있을 것이다. 학교자율운영 개념을 종적으로, 그리고 횡적으로 분석해야 하는 이유다. 제1장은 이 문제를 다루고 있다. 독일에서 국가의 학교 독점 사상이 등장하고, 이후 '관리된 학교'에 관한 비판이 제기되고 학교회의나 교사회 등의 법제화를 통해 학교자율운영이 성립한 과정은 이 개념의 역사를 잘 보여 준다. 한편, 복지국가의 퇴조 국면에서 학교자율운영을 정당성 위기의 돌파 수단으로 활용한 영국 사례는 학교자율운영의 사회적 의미를 선명하게 드러낸다.

근래 '교육자치의 완성은 학교자치'라는 말을 종종 들을 수 있는데, 여기서 말하는 '학교자치'는 실질적으로 학교자율운영과 다른 것이 아니다. 그럼에도 불구하고 굳이 학교자율운영이라는 용어 사용을 기피하고 학교자치로 대체하고자 하는 것은 학교자율운영이 일종의 오염된 개념이라는 인식에서 비롯한 것으로 보인다. 실제 1990년대 중반 교육개혁으로 등장한 학교자율운영은 신자유주의 학교 변화 정책 패키지의 핵심 요소였다. 이렇게 보면, 당시의 학교자율운영은 지양의 대상이 된다. 이 책에서는 당시의 학교자율운영은 1.0 버전으로, 그리고 이를 넘어선 새로운 학교자율운영을 2.0 버전으로 파악하고자 했다. 제2장에서는 학교자율운영 1.0이 어떤 배경과 과정으로 한국의 학교교육에 제도화했는지, 그 운영 원리는 어떤 것이었는지를 분석했다.

학교자율운영 1.0은 교사들의 지대 추구 성향을 학교 불활성의 원인으로 지목하고, 이를 제어하기 위해 평가나 성과급 등 신자유주의적 변화 기제를 학교자율운영의 요소로 제도화했다. 그러나 학교 불활성은 교사의 개인적 행태 외에 그들이 수행하는 과업의 특성이나 그들이 속한 조직의 성격, 나아가 학교 밖의 체제적 요인에서 기인하는 면이 상당하다. 학교 불활성 문제를 복합적으로 규명하지 못하고 교사의 개인적 특성만을 문제 원인으로 지목한 학교자율운영 1.0은 기대하는 결과를 만들어 낼 수 없었다. 학교자율운영 2.0은 이 문제의식에서 출발하여 학교운영의 새로운 방향을 제안한다. 제3장에서 이 문제를 다루고 있다.

학교자율운영 1.0과 2.0은 평가나 성과급 대 교사회나 학생회와 같은 제도나 정책의 차이로 대별되지만, 이 둘은 근본적으로 학교운영의 철학이나 정신, 더 적확하게는 원리 면에서 다르다. 제4장에서 이 문제를 논의하고 있다. 학교자율운영 1.0은 교사에 대한 불신을 전제로, 선택과 경쟁을 동원하여 책무성을 확보하고자 했다. 이에 비해 학교자율운영 2.0은 신뢰를 전제로 민주주의를 작동시켜서 책임감을 발동시키고자 한다. 또 전자가 개별 학교 차원의 변화를 기도한 것이었다면, 후자는 학교 간, 그리고 학교와 지역사회의 연대와 협력, 동반 성장을 도모한다.

한국의 학교자율운영, 더 구체적으로 근래 한창 진행 중인 학교혁신은 세계적 맥락에서 어떤 위치에 자리하는가? 제5장에서는 이 질문을 제기하고 있다. 오랫동안 한국 교육의 참조 국가가 되어 온 미국이나 영국 등 많은 서구 선진 국가의 학교개혁 방향과 한국의 학교혁신은 교육 운영의 방향이라는 점에서 서로 다른 길을 가고 있다. 이 책에서는 '교육 거버넌스의 교차'라는 개념으로 이 현상을 포착하고자 했는데, 서구 국가들은 전문적 통제에서 신자유주의 통제로, 한국은 관료 통제에서 의사 신자유주의 통제를 경험한 후 전문적 통제로 진행하고 있다.

학교자율운영은 학교라는 장에서 이루어지는 일이지만, 교육행정기관의 변화와 지원을 필연적으로 수반한다. 근래 교육자치와 학교자치 논의가 급물살을 타면서 교육부와 시·도 교육청의 역할과 과업을 조정하는 문제가 본격적으로 논의되고 있다. 제6장에서는 학교자율운영이라는 관점에서 교육행정의 과제를 제안했다.

학교자율운영을 한국 사회의 현실과 과제라는 넓은 맥락에서 이해하는 일을 제7장에서 수행해 보고자 했다. 오늘날 한국 사회는 격차 사회의 진전과 성장의 정체, 인구 습격과 지역 소멸이라는 심각한 위기 상황에 직면해 있다. 국가를 필두로 여러 교육 주체가 책임을 다하고, 평등을 강화하며, 질을 제고하고 교육 체제를 구조 개혁하는 일이 한동안 교육정책의 방향이 되어야 할 것이다. 이 과정에서 학교자율운영의 의의를 다시 검토할 필요가 있다.

이 책은 필자가 2012년에 펴낸 『교육개혁의 논리와 현실』의 후속 작업의 결과이다. 당시에는 이 책에서 학교자율운영 1.0으로 명명한 것의 실체를 드러내는 데 만족할 수밖에 없었다. 그 후의 일종의 대안적 논의를 하기에는 필자의 역량이 너무나도 모자랐다. 그런데 이후 경기도교육청과 서울시교육청의 여러 선생님들이 생각을 더 발전시켜 볼 것을 권유하고, 학교장 및 교사 연수나 토론회 등 여러 가지 형식의 공간에서 학교자율운영에 관한 생각을 진전시킬 수 있도록 도와주었다. 너무 많아서 일일이 거명할 수는 없지만 여러 선생님들에게 받은 고마움은 마음 깊이 새기고 있다. 이 책에서 조금이라도 의미 있는 논의가 있었다면 그것은 토론 과정에서 만난 여러 선생님들의 공이고, 부족함은 모두 필자의 천학비재 탓이다. 책을 편집하는 과정에서 날카로운 논평을 해 주고 세심하게 디자인해 준 살림터의 여러분에게도 감사의 마음을 전한다.

2019년 2월

김용

차례

제1장

학교자치와 학교자율운영
-법·교육·정치

오늘날 한국 사회에서 학교자율운영 또는 학교자치는 학교개혁의 방법론이자 최종 지향점으로 인식되고 있다. 교육행정기관이 가지고 있는 많은 권한을 학교에 이양하여 그 구성원들이 스스로 학교를 운영할 수 있도록 해야 한다거나 구성원들이 자율적으로, 민주적으로 운영하는 학교야말로 바람직한 학교라는 식의 이야기를 종종 들을 수 있다. 실제로, 한국뿐만 아니라 세계 여러 국가에서 학교자율운영 또는 학교자치는 교육개혁의 방법론이자 지향으로 논의되고 있다. 미국에서 이루어진 학교 재구조화 운동이 대표적이다. 한편, 학교자율운영 또는 학교자치라는 개념 또한 역사가 있다. 독일의 교육사는 학교자치 개념이 제도화한 과정을 잘 보여 준다. 마지막으로, 이들 개념은 사회적 진공 상태에 존재하지 않는다. 학교자율운영은 교육 세계에서만 의미가 있는 것은 아니다. 오히려 더 넓은 사회 정치적 공간에서 의미를 갖는 개념이다. 영국의 정치와 교육은 이를 선명하게 보여 주었다. 이 장에서는 학교자율운영 또는 학교자치라는 개념의 역사와 교육개혁 과정에서의 활용, 그리고 이 개념의 사회 정치적 의미를 탐구한다.

1.
독일에서의
학교자치 개념의
성립과 전개

국가의 학교 독점과 학교 감독

교육의 역사에서 학교는 오랫동안 교회의 부속물annexum der Kirche
이었다. 중세에 들어 학교는 그 이전 시기에 비하여 학생 수가 늘고,
더 큰 규모의 시설을 갖추었는데, 이 시기에 학교는 교회에 종속되었
다. 즉, 학교는 교회의 부속 시설이었으며, 학교에서 공부할 내용과 학
생 훈육 방식, 학교의 의례와 교원 임용 등의 결정권은 교회가 행사하
였다.Boyd, 1964

근대적 공교육제도가 형성되면서 학교는 교회의 손을 떠나 국가
에 종속되었다. 이미 18세기 말에 독일에서는 '학교 제도의 국가화
Verstaatlichung des Schulwesens'가 확립되었다. 1794년에 제정된 「프로이
센 일반 란트법」Allgemeine Landrecht für die Preußischen Staaten v.5.2. 1794 제1조는
"학교 및 대학은 국가의 시설…"이라고 시작하고, "모든 공公학교 및
공교육 시설은 국가 감독을 받고, 항상 국가의 감사와 사찰을 받아야
한다"(제9조)는 조문을 두고 있었다. 이 제정 법률은 '국가가 학교의
주인'임을 선언한 것이었다고 평가받는다.Clausnitzer, 1891: 36; 結城 忠, 2002b:

근대적 헌법의 출발로 평가받는 「바이마르 헌법」Die Verfassung des Deutschen Reichs vom 11. August 1919 제144조는 "모든 학교 제도는 국가 감독에 따른다"고 규정하였다. 이 조문은 학교에 대한 교회의 지배권을 배제하고, 교육제도의 세속화 원칙을 헌법에 천명한 것으로 해석된다. 당시, 국가의 학교 감독권은 교회로부터 학교를 방어하는 데 그 의의가 있었다. 여기서 말하는 '감독Aufsicht'은 통상적 의미의 감독 외에 지도와 관리 등 '행정Verwaltung'으로 표현되는 여러 가지 활동을 포함하는 것이었다.結城 忠, 2002b

그런데 당시 학교 감독의 '내용과 범위'에 관한 국가와 지역사회의 권한 배분 원칙이 무척 흥미롭다. 즉 독일에서는 일찍부터 '내적 학교 사항innere Schulangelegenheit'과 '외적 학교 사항äußere Schulangelegenheit'을 구분하고 있었는데, 전자는 학교 안에서의 생활, 교육 활동, 교육과정, 교육 방법, 학생 생활지도와 징계 등을, 후자는 학교 설치와 유지, 시설과 설비, 학교재정 등에 관한 일을 일컫는 것이었다.Anschütz, 1912: 455. 結城 忠, 2002b: 87에서 재인용 오늘날 시각으로 보면, 전자는 교사들의 전문성과 자율성에 관련된 활동을, 후자는 교육행정의 지원 활동을 의미한다. 당시 독일에서는 내적 학교 사항은 국가가, 외적 학교 사항은 지역사회Gemeinde가 관리한다는 원칙이 있었다. 이런 권한 배분 원칙은 학교교육은 국가 독점staatliches Schulmonopol 사항이며, 학교(건물)의 주인은 국가이지만, 지역사회는 국가의 위임에 따라 학교 건물을 짓고 관리할 뿐이라는 사고에서 정립된 것이었다.Anschütz, 1912: 412; 結城 忠, 2002: 88에서 재인용 아마도 절대주의 국가에서 행정의 전능 사상이 투영

된 원칙으로 생각된다.

전쟁 후에도 독일은 기존 국가의 학교 감독 규정을 유지하였다. 1949년 5월에 제정된 「독일연방공화국기본법」Grundgesetz für die Bundesrepublik Deutschland vom 23. Mai 1949은 「바이마르 헌법」과 똑같이 "모든 학교 제도는 국가 감독에 따른다"(제7조 제1항)고 규정하였고, 당시 각 주의 헌법에는 "모든 학교 제도는 주의 감독에 따른다"와 같은 조문을 두고 있었다. 이 조문은 연방 국가에서 교육을 각 주에만 맡길 경우 분열의 위험이 존재하기 때문에 이를 방지하고 교육 운영의 통일성을 보장하기 위한 취지에서 설정된 것으로 해석된다.Avenarius & Heckel, 2000: 232

국가의 학교 독점과 학교 감독 사상이 이렇게 오랫동안 지속된 데에는 학문적 뒷받침이 있었다. 학교 영조물 이론과 학교 특별권력관계론은 국가의 학교 '감독'을 확대 해석할 수 있는 학문적 배경을 구성하였다. '영조물Anstalt'은 "공 행정의 주체에 의하여 공적 목적으로 계속해서 공용되는 인적 수단과 물적 시설의 종합체"Mayer, 1924: 268; 이상덕, 284~85에서 재인용로 정의되는데, 이 개념을 창안한 마이어Mayer는 전적으로 권리 능력을 가지는 영조물과 부분적으로 권리 능력을 가지는 영조물, 그리고 권리능력이 없는 영조물 등 영조물을 셋으로 구분한다. 독일에서는 상급 중등학교Gymnasium나 대학 등은 권리 능력을 갖는 영조물로 간주하였지만, 대다수 초·중등학교는 권리 능력이 없는 영조물로 분류해 왔다. 당시 학교는 군대나 형무소와 마찬가지로 권력 및 징치懲治를 행하는 영조물이고, 공립학교는 관청이며 교육 활동은 공권력을 행사하는 일로 인식되었다. 구체적으로, 학교의 교육 활동은 형법을 집행하는 공무 집행과도 같은 것이며 공무 집행자인 교원에게 저항하는 것은 국가 권력에 저항하는 것, 따라서 학교의 명령에 복종하지 않는 것은 형법상 유죄라는 식으로 이해되었다.Landé, 1933: 13~15; 結城 忠, 2002b: 92에서 재인용

학교를 최하급 행정기관으로 보는 관점은 공법상 특별권력관계론과 긴밀하게 결합하였다. 특별권력관계는 "특별한 법률 원인에 근거하여 당사자 일방이 상대방에 대하여 일정 범위에서 명령하고 강제하는 권리를 가지고, 상대방은 이것에 복종하는 의무를 지는 두 주체 간 법률 관계"로 정의할 수 있다.김동희, 2004: 105 구체적으로 말하면, 학교 감독 기관과 하급 행정기관인 학교의 관계, 그리고 학교 안에서의 학생의 재학 관계와 교원의 근무 관계 등을 특별권력관계로 간주하면, 다음과 같은 특징이 나타나게 된다. 첫째, 특별권력관계 내부에서는 법률 유보 원칙이 적용되지 않는다. 즉, 특별권력 주체는 법률상 근거가 없어도 필요에 따라 행정 내부 규칙 등으로 특별권력 복종자의 권리를 제한하거나, 의무를 부과할 수 있다. 특별권력관계론을 승인하면, 학교 감독 관청은 법률 근거 없이도 학교를 포괄적으로 감독할 수 있다. 또 학교는 법률의 근거가 없어도 교원이나 학생의 권리를 제한하거나 의무를 제한할 수 있다. 둘째, 특별권력 주체는 특별히 높아진 권력 주체로서, 권력 복종자에 대하여 포괄적 지배권을 갖는다. 즉, 특별권력 주체는 당해 특별권력관계의 설정 목적을 달성하기 위하여 필요한 범위와 정도에서 개별 경우에 구체적인 법률의 근거 없이 권력 복종자의 기본적 인권을 제약할 수 있다. 마지막으로, 특별권력관계 내에서 이루어지는 조치나 결정, 또는 처분 등 권력 행위는 비록 그것이 중대

한 법적 효과나 권리 침해를 수반하여도, 특별권력관계 내부 규율 행위로서, 원칙적으로는 재판상 구제가 미치지 않는다.[김동희, 2004] 특별권력관계로부터의 배제 처분인 학생 퇴학이나 교사의 면직 처분 등을 제외하고는 재판의 대상이 되지 않는다는 의미이다. 이런 학문적 논의를 배경으로 학교는 행정 주체의 손아귀에 놓이고 국가의 학교 감독의 범위와 강도는 확대 해석되게 되었다.

'관리된 학교'에 대한 비판

이처럼 학교가 감독청의 강한 통제 아래 놓인 상황은 머지않아 비판의 대상이 되었다. 독일 교육법학자인 베커H. Becker는 감독청에 강하게 속박된 학교를 '관리된 학교Die verwaltete Schule'라고 부르며, 여러 논문을 통해 관리된 학교의 문제를 지적하였다. 베커의 주장은 이미 오래된 것이지만, 오늘날 한국의 교사들에게서도 종종 들을 수 있는 것이라는 점에서 흥미롭다. 그의 주장을 간략히 요약한다.[Becker, 1954; 遠藤孝夫, 2004: 56~68에서 재인용]

- 독일 학교는 경찰이나 세무서와 같은 최하급 행정기관과 마찬가지다. 그러나 교장은 일선 세무서장만큼도 결정의 자유를 누리지 못한다. 교사들은 각종 규칙이나 학교 감독청의 명령에 따라야 해서, 수업을 계획하고 실행할 자유를 박탈당했다. 교장이나 교사 모두 단순한 행정 집행 공무원이 되어 있다.

  이처럼 '관리된 학교'에서는 어떤 학생이 길러지는가? 상상력이 결핍되고 대세에 순응하기만 하는, 통제하기 쉽고 획일적인 인간이 양성되고 있을 뿐이다. 자유로운 학교에서 자유로운 인간을 기를 수 있다.

• 교육은 자율적 인간을 기르는 데 그 목적이 있다. 국가 권력의 일방적 견해로 교육을 운영해서는 자율적 인간을 기를 수 없다. 학교는 밖에서 관리되기보다는 안에서 스스로 자치되어야 한다. 다른 누구보다 학교 안의 구성원들이 모든 사정을 고려하여 가장 적절한 결정을 내릴 수 있기 때문이다. 이처럼 자율적 학교를 만들기 위해서는 교사들에게 교육의 자유를 보장해야 한다. 대학에 자율성을 인정해야 한다는 주장에는 많은 사람이 동의할 것이다. 그런데 대학뿐만 아니라 중등학교와 초등학교까지도 자율성을 누릴 수 있도록 해야 한다.

• 학교는 국가의 감독을 받아야 한다. 그러나 일정한 자율성을 누려야 하는 영역이나 조직에 대한 감독은 극히 신중해야 한다. 학교를 교육행정의 가장 말단 기관으로만 여기지 않아야 하며, 감독은 학교에서 이루어지는 낱낱의 교육 활동을 구체적으로 지시하는 것이어서는 안 된다. 학교는 가능한 한 고유하게 책임을 질 영역에 관해서는 스스로 통제할 수 있는 능력을 높여 나가야 한다. 교육행정은 학교를 통제하기보다는 자율적 조직으로 발전할 수 있도록 지원하고 조언하는 활동으로 전환해야 한다.

헌법 원리의 전환과 학교 감독 관념의 재구성

국가가 학교에 대하여 무제한적 권력을 행사할 수 있다는 사고는 자유주의적이고 사회적 법치국가 원리를 표방하는 기본법(헌법) 체제와는 어울리지 않았다. 구체적으로 다음과 같은 문제가 있었다.^{Avenarius & Heckel, 2000: 233} 첫째, 기존의 학교 감독 관념은 특별권력관계론을 배경으로 학교를 법치주의의 예외 공간으로 상정하고 있었으나, 기본법은 법치주의 원칙을 천명하였다. 학교 감독의 주체인 국가는 사실상 행정부를 의미하며, 권력이 분립된 민주적 법치국가에서 행정 활동은 법률에 근거를 두고 법률에 따라 이루어져야 한다. 둘째, 기존의 학교 감독은 '국가의 학교 독점' 사상에 근거한 것이었다. 그러나 기본법은 모든 사람의 인격의 자유로운 발달권 및 신앙 및 양심의 자유, 부모의 교육권, 지방자치단체의 자치권, 사학의 자유를 기본권으로 보장하고 국가에는 이런 기본권을 존중하고 보호할 의무를 부여하였다. 따라서 오로지 국가만이 학교의 주인이라는 사고는 기본법 사상과는 배치되어서 수정되게 되었다. 셋째, '관리된 학교'에 대한 비판에 뒤이어 교육의 자율성 논의가 촉발되었고, 교사의 교육의 자유와 학교의 교육자치 법리가 확립되었다. 국가의 학교 감독권은 이런 법리에 의하여 제한되지 않을 수 없었다.

이처럼 기본법 원리에 따라서 학교 감독 개념을 새로 구성할 필요가 제기되었는데, 권위 있는 교육법학자인 헤켈^{H. Heckel}이 이 작업을 수행하였다. 그는 전통적 '감독' 개념이 '행정'까지 포함하고 있다는 사실을 지적한 후, 이것의 부당성에 문제를 제기한다.^{Averius & Heckel, 2000: 233} 즉, 감독은 그 대상이 되는 어떤 일을 전제하지만, 행정은 국가 스스로의 활동이다. 즉, 국가가 국민의 교육권을 보장하기 위하여 학교 설립 기준이나 교육과정 기준을 정하고, 학교운영의 각종 기준을 정하는 일은 감독이 아니라 행정이다. 행정을 제외하면 국가의 학교 감독은 다음 세 가지로 구분할 수 있다.^{Heckel, 1957; 結城 忠, 2003} 첫째, 학교의 교육 활동에 대하여 더 전문성을 가진 주체로서 지도하고 조언을 제공하는 전문 감독이다. 이것이 학교 감독의 고유하고 본질적 내용이다. 전문 감독은 교육 활동이 법률에 부합하는지에 관한 합법성 감독과 더 올바른 방향으로 이루어진 것인지에 관한 합목적성 감독을 모두 포함한다. 그런데 학교 감독청의 전문 감독은 학교의 교육자치 또는 학교 자율성이나 교사의 교육의 자유 등과 긴장 관계에 서고, 이들 법리에 의하여 제약을 받게 된다. 둘째, 국가 기관의 공무원인 교원에 대한 복무 감독이다. 셋째, 학교 설치자(공립학교 설치자인 지방자치단체와 사립학교 설치자)의 학교 행정 활동에 대한 감독이다. 이 경우는 합법성 감독에 그친다. 헤켈이 정립한 법리는 여러 주에서 수용되었다. 예를 들어, 「브란덴부르크주 학교법」(1996년 제정) 제130조는 '학교 감독의 범위'를 표제로 하여, "학교 감독은 ① 학교에서 교육 활동에 관한 전문 감독, ② 교원 그 밖의 교육직원에 대한 근무 감독, ③ 학교의 관리 운용이나 유지에 관한 법 감독을 포함한다"는 규정을 두고 있다.

학교경영 법제의 전환과 교장 권한

제1차 세계대전 전까지 독일의 학교는 국가의 소유물이었고, 학교 감독청은 교장을 통해 학교를 감독하였다. 학교운영은 교장이 단독으로 책임을 지는 독임제 방식을 취하였다. 즉, 당시 학교운영 법제는 다음과 같은 논리적 구조를 띠고 있었다. 첫째, 학교 감독청은 교장을 임명하고, 교장은 교원의 직무상 상사로서 교원에 대하여 포괄적 지배권을 행사한다. 교사가 교장의 명령을 따르지 않는 것은 직무상 불복종이다. 둘째, 교사회의는 설치하지 않고, 만약 교사회의를 설치하는 경우에도, 이는 교장의 자문기구일 뿐이다. 셋째, 부모나 학생은 영조물 이용자에 불과하며, 학교장의 명령에 따라야 한다. 마지막으로, 교장 자신은 감독청의 지배 감독에 따라야 한다.Nevermann, 1982: 162~174; 結城 忠. 2002a: 52에서 재인용

실제로 당시 여러 법은 이런 생각을 표현하고 있었다. 일례로, 1872년 「함부르크법」은 "교장은 교원의 직근直近 상사다. 교원은 교육 활동 및 학생 징계에 관하여 교장의 명령을 따라야 한다", "교사회의 결정은 교장을 구속하지 않는다"거나 "교원은 교장의 허가를 얻어 교장이 동석하는 장소에서만 학생의 부모와 대화할 수 있다"는 등의 법 규정을 두고 있었다.Tews, 1913: 117~119; 結城 忠. 2002a: 52에서 재인용

독임제 학교운영에 대하여 교원노조는 반대하였다. 그들은 학교자치와 합의제 학교운영을 주장하였다. 교원노조의 주장은 다음과 같이 요약할 수 있다.

첫째, 교사회의 권한을 법적으로 인정하고, 교장 단독이 아니라 교사회와 합의하여 학교를 운영해야 한다. 둘째, 교장은 교사의 상사가 아니라 교사들 가운데 수석 교사이며, 교사들에게 교장 임명권을 부여해야 한다. 셋째, 교사들은 직무상 자율을 보장받아야 한다.Bölling, 1978: 234; 結城 忠. 2002a: 53~54에서 재인용

교원노조의 주장은 여러 주에서 수용되었으며 1910년대 전반기에 벌써 교사회 설치를 의무화한 주가 나타났다. 또 학부모회가 학교운영

에 참가할 수 있도록 법적으로 보장하는 주도 나타났으며, 결과적으로 전통적 독임제 학교경영 법제는 크게 변화하였다. 예를 들어, 1923년에 제정된 「프로이센 교육부령」은 "교장은 교원의 상사가 아니다. 교장은 교사회의 의장을 맡는 수석교사"라는 내용을 규정하였으며, 나아가 함부르크의 「학교자치에 관한 법률」Gesetzüber die Selbstverwaltung der Schule v.12. 4. 1920은 "교사회와 학부모회가 학교를 직접 관리한다(제1조)", "교장은 법 규정, 행정청의 명령 및 교사회와 학부모회의 결정에 따라서 학교를 경영한다(18조)", "교장은 교사회의 의장을 맡지만(25조 1항) 교사회의 결정은 교장…을 구속한다(4조)", "교장은 교사회의 구성원과 학부모 대표가 3년 임기로 선출한다(19조 1항·24조)", "교장직은 명예직Ehrenamt이고, 그 신분은 교원과 동일하다. 교장과 교원은 상사와 하급자의 관계가 아니다(23조)"라는 내용을 규정하였다.Schulbehörde der Hansestadt Hamburg(Hrsg.), 1952: 70~76; 結城 忠. 2002a: 53에서 재인용

이런 변화에도 불구하고 나치 시대에는 독임제 학교운영이 다시 부활하였으며, 제2차 세계대전 직후까지도 독임제 학교운영이 유지되었다. 그러나 1950년대 중반 이후 '관리된 학교'에 대한 비판이 강하게 일어나고, 교사의 교육의 자유와 학교의 교육상 고유 책임을 법제화해야 한다는 주장에 힘입어 1950년대 후반부터 학교경영 법제가 변화하기 시작하였다. 대표적인 예로, 1956년 함부르크 「학교행정법」은 "학교는 교사회와 교장이 자치한다"(1조 2항)고 법적으로 선언하였다. 1960년대 이후로는 교장과 교사회는 물론 학부모회도 학교운영에 참여하며, 학교의 교육 활동에 대한 책임은 모든 주체가 나누어 가져야 한다는 원칙이 확립되기에 이르렀다.Heckel & Seipp, 1976: 70; 結城 忠. 2002a: 54

1970년대 들어 '독일 교육심의회Deutscher Bildungsrat'는 『교육제도를 위한 구조 개혁』(1970년)과 『교육제도에서 조직 및 관리 운영 개혁』(1973년)에 관하여 권고했다. 학교 자율성을 강화하고 교원과 학생, 학부모의 학교운영 참가권을 확대해야 한다는 것이 주된 내용이었다. 이런 권고의 흐름에서 교원회의와 학교회의, 부모평의회와 학생 대표 조직 등의 각종 권한과 교육행정·학교경영에의 참가권을 전체적으로 강화하는 입법이 차례로 등장하였다. 잘란트주「학교 공동 결정법Schulmitbestimmungsgesetz」(1974년)이나 노르트라인베스트팔렌주「학교 참가법Schulmitwirkungsgesetz」(1977년) 등 개혁 입법의 명칭이 법 내용을 잘 표현하고 있다.遠藤孝夫, 2004

그런데 여기서 학교 자율성을 강화하기 위해서는 교장의 지위와 권한도 더 강화해야만 한다는 주장이 제기되고, 실제 입법화하였다는 사실에 주목할 필요가 있다. 독일 교육법학의 권위자인 아베나리우스H. Avenarius, 2000는 "강한 교장이 학교 자율성을 강화한다"고 말한다. 또 '노르트라인베스트팔렌주 교육심의회Bildungskommission Nordrhein-Westfalen' 보고서 『교육의 미래-미래의 학교Zukunft der Bildung-Schule der Zukunft』[1995: 162~165]는 다음과 같이 제언하였다.

학교는 부분적으로 자율적인 조직이어야 한다. 학교 감독청과 학교 설치자가 가지고 있던 결정권을 학교에 대폭 이양해야 한다. 학교가 교육 활동을 자율적으로 전개하기 위해서는 인사와 학교 예산 영역에서 교장 권한을 확대해야 한다. 교장 재량권을 확대하고 교원의 책임 있는 상사로서 교장 지위를 강화해야 한다.

이후 학교 자율성론에 호응한 것처럼 1990년대 중반부터 후반에 걸쳐 브란덴부르크, 브레멘 등 여러 주에서 학교 자율성 강화를 취지로 법제를 개혁하였다. 각 학교가 독자적으로 학교교육 프로그램을 구성할 수 있도록 허용하고, 학교재정 및 인사행정 면에서 학교에 일정 범위의 자율적 권한을 법적으로 인정하였다.Averius & Heckel, 2000: 121~122

학교자치 조직의 법제화

독일은 교사와 학부모, 학생의 대표조직으로서 '교사회의Lehrerkonferenz', '학부모협의회Elternvertretung', '학생 대표제Schülervertretung'가 법제화되어 있다. 그리고 교사와 학부모, 학생 대표로 이루어진 '학교회의Schulkonferenz'가 니더작센주를 제외한 모든 주에 설치되어 있으며, 모든 주가 그런 것은 아니지만 학교회의는 학교자치의 최고 의결기관으로 자리매김되어 있다. 학교회의는 교사, 학부모, 학생의 공동 책임기관으로, 원칙적으로 이들 3자의 대표로 구성된다. 교사 대표가 과반수를 차지하는 주(바덴뷔르템베르크주 등)가 있는가 하면, 부모와 학생 대표가 동수를 형성하고 있는 주(브란덴부르크주 등)도 있다. 3자 대표가 동수인 주도 있다(바이에른주 등). 대개 많은 주에서는 교장이 학교회의 의장을 맡는다.Staupe, 2001: 326; 結城 忠, 1994를 가필 수정한 結城 忠, 2009: 278~284에서 재인용 학부모회의는 통상 한 학기에 한 차례 열리며, 학교교육 및 방과 후 프로그램, 과제, 수업과 학교 행사에 학부모가 참여하고 협조할 일 등을 협의한다. 학교회의에는 과반수의 교사와 학부모

회 대표들이 참가한다.김용·류현진·이준범, 2017

교사회의는 수업을 포함한 교육 관련 사항의 의사결정 기구이다. 교장이 교사회의의 의장을 맡고 모든 교사가 참여한다. 교사회의는 전체 회의와 분과 회의로 구분되는데, 전체 회의는 모든 교사들이 참여하며, 분과 회의는 각 학급 교사와 리더 교사로 진행한다. 분과 회의는 특정 문제를 해결하고자 할 때나 의결 사항이 있을 때 이를 준비하기 위한 목적으로 이루어진다. 교사회의에서는 교사들이 자유롭게 토론하며, 때로 논쟁이 일어나기도 한다. 교사들은 학교교육에 관한 각종 규정과 학교의 일을 전체적인 견지에서 바라보는 태도로 토론에 임할 것이 요청된다. 중요 사항을 의결할 때는 비밀 투표를 실시하며, 학교장은 의결 사항을 책임 있게 집행한다.Avernarius & Heckel, 2000: 125~127

학부모회는 학교운영에 관한 일반적 참가권 외에 교사의 전문적 사항, 즉 교육 목적을 정하거나 교육 내용과 방법에 관한 결정에 참가하기도 한다. 예를 들어, 베를린주는 학부모가 수업 계획을 구성할 때도 참가권을 가지며, 잘란트주에서는 교사에게 성적 평가 기준을 학부모에게 보고하도록 의무화하고 있다. 바덴뷔르템베르크주에서는 주 부모협의회에 교과서 검정에 관하여 교육부 장관에게 제안할 수 있는 권리를 인정하고 있다.結城 忠, 2009 학부모회의는 보통 한 학기에 한 번 열리는데, 학부모들의 참여가 매우 높다. 담임교사는 이 자리에서 수업 진행 상황, 학급 분위기, 학급 행사 등을 설명한다.김용·류현진·이준범, 2017

이와 함께 학생회가 법적 기구로 존재한다. 헤센주 「학교법」 제121조 제2항은 "학생회는 학교 감독 기관과 공공 기관을 대상으로 학생의 권익을 대변하고 학생 동의권을 행사한다. 또 학교의 양육적 과제와 교육적 과제의 틀 안에서 스스로의 책임 아래 자치적으로 활동할 수 있다"고 규정하고 있다. 그러나 실제로 학생들의 학생회 활동은 8학년부터 이루어진다. 저학년 학생들의 경우 학생회 활동에 참여하지 않고 학부모회가 중요한 역할을 한다.^{김용·류현진·이준범, 2017}

2.
미국의
학교 재구조화 운동과
새로운 학교운영

학교 재구조화 운동의 배경

학교자치 또는 학교자율운영은 근본적으로 학교 변화 시도의 일환으로 파악할 수 있다. 독일에서는 학교자치 개념이 주로 법적 문제로서 발전해 왔다면, 미국에서는 교육개혁의 문제로서 학교 변화 실천이 이루어졌다.

1980년대 중반 이후 미국의 학교개혁 운동을 대표하는 개념은 '학교 재구조화school restructuring'다. 미국의 교육개혁은 『위기에 처한 국가A Nation at Risk』National Commission on Excellence in Education, 1983라는 제목의 보고서 출판이 직접적 계기가 되었다. 미국의 국가 경쟁력이 추락하고 있다는 진단에 따라 교육과정의 표준화를 통해 교육의 질을 높이고자 하는 것이 개혁의 방향이었다. 이 흐름이 계속 이어지면서 1980년대 들어 단순히 교육과정만의 변화가 아니라 학교교육 전반, 또는 교육 운영의 전체적인 틀을 근본적으로 변화시키는 일이 필요하다는 제안이 학교 재구조화 운동으로 전개되었다.

학교 재구조화 운동은 제안 주체가 단일하지 않고, 그 내용도 매우 다양하다. 어떻게 보면, 1980년대 중반 이후 미국에서 일어난 여러 가지 학교개혁 운동을 포괄할 수 있는 우산 개념과 같은 것이다.[Elmore, 1990: 1~2] 다만, 다음과 같은 배경에서 이 운동이 시작된 것은 분명하다. 첫째, 경제적 면에서 미국의 국가 경쟁력 상실을 우려하며, 경쟁력을 다시 회복하는 차원에서 학교개혁 운동이 시작되었다. 학교교육을 바꿔야 미국의 국가 경쟁력을 유지할 수 있다는 주장이다. 둘째, 평등과 사회정의라는 가치가 학교 변화를 촉진하는 요인이 되기도 하였다. 빈곤 아동 비율이 높아지는 상황에서, 이들이 양질의 교육을 받아야 더 좋은 일자리를 얻고 사회경제적으로 높은 지위를 획득할 수 있다. 학교교육을 바꾸면 더 평등한 사회를 만들 수 있다는 생각 역시 학교개혁 운동의 배경을 이룬다. 마지막으로, 교사 질에 대한 위기의식이다. 교직 자체의 매력이 떨어질 가능성이 있고, 현직 교사들의 소진이 가속화하는 시점에서 학교를 더 매력적인 조직으로 만들어야 양질의 교원을 확보하고 유지할 수 있다는 생각에서 학교 재구조화 운동이 일어났다.

학교 재구조화 운동의 논리와 내용

학교 재구조화 운동에 관한 제안이 여러 곳에서 이루어졌다는 사실은 학교 재구조화의 논리나 정책 제안이 복잡하고, 다소간 혼란스러울 수 있으리라는 사실을 짐작케 한다. 실제로 경제계와 정치계, 교육 전문가들과 교사들은 각기 여러 가지 제안을 했다. 미국의 교육학자 머피Murphy는 다양한 정책 제안을 [그림 I-1][Murphy, 1993: 8]과 같이 요약하였다.

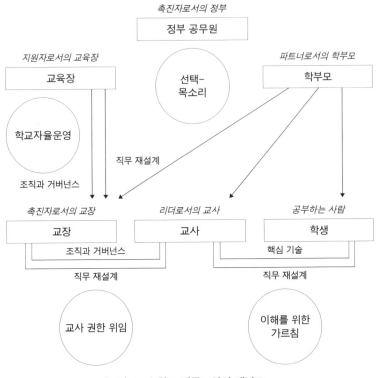

[그림 Ⅰ-1] 학교 재구조화의 개념도

네모 안에 있는 것들은 학교 재구조화의 핵심 주체를 의미한다. 기울어진 글씨는 재구조화한 학교 체제에서 새로운 역할을 표상한다. 예를 들어 교사는 리더의 역할을, 정부 관료는 촉진자로서의 역할을 수행하여야 하는 것이다. 동그라미로 표현된 것은 교육의 틀을 근본적으로 바꾸기 위한 네 가지 가장 중요한 전략을 의미한다. 학생(학부모)이 학교를 선택하고, 학교운영에 목소리를 낼 수 있도록 하는 것 choice-voice, 학교자율운영school-based management, 교사 권한 위임

teacher empowerment, 이해를 위한 가르침teaching for understanding 등이 핵심 전략이다. 정치계와 경제계는 앞의 두 가지를 상대적으로 강조하였고, 교육계 인사들은 뒤의 두 가지를 상대적으로 강조한 점에 차이가 있다. 한편, 여러 요소를 연결하는 선은 재구조화의 중요한 요소를 표현한다. 핵심 기술(교수-학습 기술), 직무 재설계, 조직과 거버넌스 구조의 변화 등이 그것이다.

학교 재구조화 운동의 전개

그러나 실제로 학교 재구조화 운동이 단지 매끄럽게 진행된 것은 아니었다. 학교 재구조화에 대한 정치적 지원이 대단히 넓었다는 사실이 역설적으로 학교 재구조화 운동에 큰 장애가 되었다. 정치계 인사와 기업인, 학교 개선에 관심이 있는 교사와 교원노조, 대학의 연구자는 각기 나름대로 재구조화 운동의 필요성과 방향을 제안하였고, 그만큼 '재구조화'는 다의적 개념이 될 수밖에 없었다.Elmore, 1990

정책 논리 자체에도 명확하지 않은 요소가 적지 않았다. 학교 재구조화 운동의 기축 개념이라 할 수 있는 권한 위임empowerment과 책무성accountability 개념에서 이런 사실을 확인할 수 있다. 교사 권한 위임이라는 개념은 대체로 교육 관료가 가지고 있는 권한을 교사들에게 넘겨주어 교사들이 행사할 수 있도록 하는 의미를 담아 쓰인다. 그런데 정작 교육 관료들은 자신들은 힘이 없다고 말을 한다. 또 과연 어떤 조건에서 권한 위임이 가능한지가 명확하지 않다. 권한 위임을 말하면서 '책임'이라는 더 근본적인 문제에 무관심한 것 역시 심각한 문제다. 게다가 권한을 위임한다고 하여 학교마다 동일한 결과가 나타나지는 않는다. 학교 간에 심각한 불평등이 초래될 수 있는 것이다.

아울러 미국의 학교 재구조화의 다양한 흐름을 연결하는 중요한 개념이 책무성accountability이었다. 학교교육이 무책임하다는 비판이 널리 퍼진 탓에 책무성 개념이 학교개혁 운동의 중심에 서게 되었다. 그런데 학교가 무책임한 것이 아니라 너무 많은 주체에게 매우 다양하게, 때로는 상충하는 방식으로 책임을 지고 있는 것은 아닌가라는 문제를 제기할 수도 있었다. 학교는 학부모나 지역 정치인과 같은 '고객'들에게 정치적 책임을 지고 있기도 하고, 교사들의 전문적 판단을 중심으로 동료적 책무성을 지고 있다. 또 학원 강사들과 마찬가지로 지식 기술자로서의 기술적 책임을 지기도 한다. 이처럼 다양한 사람들을 향한 다양한 책무성을 그대로 모으기만 한다면 교사들은 배움과 가르침에 집중하기 어려울 것이다. 오히려 학교교육은 다양한 요구에 부응하느라 파편화할 것이며, 교사들은 자신들의 활동의 초점을 잃게 될 수도 있다. 이처럼 학교 재구조화 운동의 논리가 항상 분명한 것은 아니었다.

미국의 학교 재구조화 운동 당시 상당한 연구가 이루어졌고, 교훈이 잘 정리되어 있다. 이것은 한국의 학교혁신에도 도움이 될 것이다. 학교개혁 운동 과정에서 학교의 근본적 변화는 위에서 설명한 전략이나 요소를 채택한다고 가능해지는 것은 아니며, 적절한 지원 체제를 갖추는 일이 긴요하다는 사실이 확인되었다. 미국의 학교 재구조화 운동 과정에서 정리된 지원 체제는 다음과 같은 것들이다.Murphy & Hallinger, 1993

첫째, 교육위원회와 교원노조, 교육장과 자치단체장, 그리고 지역사회 인사들의 적절한 지원이 필요하다. 이들의 지원이 충분하지 않을 때, 그것은 모두 학교의 부담이 된다.

둘째, 변화를 위해서는 충분한 시간이 필요하다. 변화를 준비하기 위한 시간이 필요하며, 학교 안에서 교사들이 협력적 활동을 할 수 있는 시간을 더 확보해야 한다.

셋째, 추가 재정 지원과 같은 물적 지원을 충분히 해야 한다. 변화를 시작하기 위해서는 초기 지원 비용을 충분히 확보해야 한다.

넷째, 전문성 개발이 매우 중요하다. 교사들 스스로의 전문적 자본을 확보하는 일이 가장 중요하다.

다섯째, 학교 변화를 시도하는 다른 학교 및 교육청의 구성원들과 아이디어와 경험을 나누는 장을 만들어야 한다. 이 자리를 통해 교사들은 위안을 받기도 하고, 더 나은 시도를 하기 위한 에너지를 만들기도 한다. 여러 교육청에서 진행하고 있는 혁신학교 한마당과 같은 행사가 이런 기능을 수행하고 있다.

여섯째, 신뢰는 학교 변화를 가능하게 하는 중요한 전제 조건이다. 학교 재구조화는 기존의 관계를 변화시키는 일이라는 점에서 어렵고 위험한 일이다. 학교 변화 과정에서 혼란과 갈등이 빚어지기도 한다. 특히 학교장과 교사 간에 신뢰가 돈독할 때, 이런 어려움을 헤쳐 갈 수 있다.

일곱째, 학교에서 일하는 방식, 특히 의사결정 구조를 적절히 바꾸는 일은 학교 재구조화를 촉진한다. 그러나 모든 학교에 적용되는 가장 좋은 의사결정 구조가 존재하는 것은 아니다. 다만, 일을 계획하고 실행하는 과정에서 가능한 한 많은 사람들이 참여할 수 있도록 하고,

기획위원회를 두어 학교 변화 의제의 일관성을 확보하며, 변화 촉진자가 적절히 활동할 수 있도록 하고, 무엇보다 의사결정 구조의 안정성을 유지하도록 하는 일이 중요하다.

마지막으로, 학교 변화 운동을 적절하게 인정해 주는 일이 중요하다. 학교 변화의 주도 교사들이 자신들의 사례를 여러 가지 방식으로 발표하도록 하고, 다른 학교 교사들의 방문을 통해 자신들의 노력을 알리도록 하는 일은 중요한 계기가 될 수 있다. 실제 몇몇 혁신학교의 경우 밀려드는 방문객 때문에 어려움을 겪기도 하지만, 외부의 관심이 내부의 힘을 강화하기도 한다.

학교 재구조화 운동에 관하여 다양한 평가가 제기되었다. 특별히 검토할 필요가 있는 비판적 평가를 몇 가지 소개한다. 근래 한국에서 일어나고 있는 학교혁신 운동에 관해서도 아래와 같은 강도의 비판적 성찰이 필요할 것이다. 우선, '재구조화'라는 말은 '근본적 변화'라는 의미와 잘 호응하지만, 교육의 역사를 길게 보면 과연 근본적 변화를 일으켰는가라는 문제를 성찰할 필요가 있다. 즉, 학교 재구조화가 과거와 마찬가지로 국가 경쟁력 유지라는 사회적 기능을 수행하기 위하여 제기된 것이라는 점에서 사회적 기능주의가 유지되고 있고, 효율성과 생산성을 숭배하는 태도는 여전하며, 배움을 개인적인 일로, 그리고 공동선에 대한 사회적 책임을 기르기보다는 개인의 성취를 위한 수단으로 학교교육을 간주하는 개인주의, 마지막으로 아동교육에 종사하는 사람들보다는 외부의 전문가들에 의하여 추진되고 있다는 점에서 과거의 교육개혁과 '차이 없는 변화'일 뿐이라는 비판적 평가도 존재한다.Goodman, 1995

나아가, 학교 재구조화 운동은 실증되지 않은 논리에 입각한 것이라는 문제가 많이 제기되었는데, 예를 들어 학교의 의사결정 구조를 바꾸면 교수 학습에 변화가 일어나는가? 학부모의 학교 선택이 학생들의 학습을 개선하는가? 학교 조직의 변화는 교사 개인의 변화를 유발하는가? 이런 문제에 관한 실증이 충분하지 않았다. 실제로, 학교 조직 구조를 변화시킨다고 해서 교사들의 수업, 나아가 교육에 관한 신념이나 이해, 행동이 자연스럽게 바뀌는 것은 아니라는 연구 결과가 존재한다.Peterson, McCarthey and Elmore, 1996 학교 안에 학습공동체를 만들었다고 해서 교사들의 수업과 학생 지도가 바뀌는 것은 아니다.

3.
영국에서의
자율경영학교에 대한
비판적 검토

정치 사회적 맥락에서의 자율경영학교

학교자율운영은 일차적으로 학교 구성원들이 학교 울타리 안에서 학교를 꾸려 가는 방식에 관한 문제다. 이렇게 보면, 학교자율운영이 고립된 섬과 같은 것으로 오인될 수도 있다. 그러나 실상 학교자율운영은 어떤 정치, 경제, 사회적 맥락에 존재하며, 비록 외견상 매우 유사한 형태로 학교가 자율적으로 운영될지라도 그 맥락에 따라 학교자율운영의 의미는 사뭇 다른 것이 될 수 있다. 사실 자율경영학교self-managing school 논의를 처음 제기한 호주의 콜드웰Caldwell과 스핑크스Spinks[1988]에 대하여 그들의 논의는 자율경영학교의 사회 정치적 맥락에 관한 인식을 결여하고 있다고 비판하면서 "(그들이 말하는) 자율경영학교는 학교교육을 둘러싸고, 또 학교교육에 편재한 사회적으로나 교육적인 어떤 종류의 불이익이나 갈등, 그리고 불평등과 문화적 헤게모니, 성 차별과 인종 차별을 도외시한다. 자율경영학교는 현실에서는 존재하지 않는 가공의 세계일 뿐"[Angus, 1993: 22]이라는 비판이 제기되기도 하였다.

학교자율운영은 그것이 제기되고 실행된 정치적 맥락에서 독특한 의미를 가지며, 학교자율운영 자체가 일종의 정치적 수단이 될 수도 있다. 나아가 학교자율운영 담론과 실천은 정치적 함의를 가진다. 영국에서 자율경영학교가 도입되고 실천된 과정은 이를 잘 보여 준다.

자율경영학교 담론 등장의 정치적 배경

근래 우리나라에서 '교육자치는 학교자치로 완성된다'는 말을 종종 들을 수 있다. 많은 교사들은 학교자치 또는 학교자율운영을 교육행정으로부터 학교의 독립, 더 구체적으로는 교육부나 교육청의 간섭을 받지 않고, 학교 구성원들이 스스로 학교를 운영해 가는 것으로 이해한다. 영국에서도 자율경영학교는 교육행정으로부터 독립된 학교를 의미하였다.

영국은 과거에 지방교육청Local Education Authority: LEA이 학교를 관리하였다. 지방교육청은 지방자치단체에 속해 있는 것으로, 1902년에 설립되었다. 1900년대 초에는 초등학교교육이 의무교육에 포함되었는데, 지방교육청은 국가 재정을 공립 초등학교에 배분하는 채널이었으며, 학교에 대한 관리 감독 기구였다. 「1944년 교육법」에서는 교육에 관한 책임이 지방교육청에 있음이 법률로 선언되었다. 이후 1900년대 중반을 경과하면서 의무교육은 중등교육 단계로까지 확대되었으며, '모두를 위한 공통교육Common Education for All'이라는 정치적 지향 속에서 1971년까지만 해도 36%에 머무르던 종합 중등학교Comprehensive School 입학 비율이 1986년에는 93%까지 높아졌다.Walford, 1993: 230~231

하지만 1970년대 말부터 영국은 심각한 재정 위기를 겪었고, 1979

년 총선거에서 대처가 이끈 보수당으로 정권이 교체되었다. 대처는 "개인만이 존재할 뿐 사회 따위는 없다"는 유명한 말을 남길 만큼, 개개인의 경쟁력을 강조하고, 복지국가를 영국 위기의 원인으로 보았다. 보수당은 영국 경제의 실패는 영국 교육의 실패에서 기인한다고 비판하였다. 기존의 영국 교육이 경제의 필요에 봉사하는 데 실패하였다고 문제를 제기한 것이다. 영국의 학교에는 불필요하게 많은 교직원이 고용되어 학교가 너무 비대하며, 교직원들은 자신들의 편의만을 추구할 뿐 학생들의 학습에는 무관심하다고 비판하였다. 한마디로 영국의 교육은 공급자 포획provider capture 상태에 있다는 문제를 제기하였다. 이런 맥락에서 학교개혁이 중요한 정치적 개혁 과제가 되었다.Demaine, 1993

그런데 거의 모든 학교는 지방교육청의 관리 감독을 받는데, 당시 상당수 지방정부는 노동당이 장악하고 있었다. 보수당 중앙정부로서는 학교를 개혁하고자 해도 노동당의 영향력 아래 있는 학교에 대하여 취할 수 있는 정책 수단이 매우 빈곤하였다. 보수당 정부로서는 노동당 지방정부와 학교와의 연결 고리를 끊을 필요가 있었다. 이때 등장한 아이디어가 자율경영학교였다. 교육행정으로부터 독립하여 자율적으로 운영하는 학교, 이것은 실질적으로 노동당 지방정부와 학교의 절연을 의도한 것이었다. 지방정부와 절연하는 학교는 중앙정부에서 직접 교육재정을 지원받게 되는데, 이는 이제 노동당 지방정부가 아니라 보수당 중앙정부가 학교에 영향을 끼칠 수 있는 구조가 형성됨을 의미했다.Demaine, 1993

학교자율운영 정책의 경제적 배경

앞에서는 영국의 자율경영학교를 보수당과 노동당 사이의 정치적 갈등의 소산으로 설명하였다. 그러나 정당 간의 관계를 넘어서 세계적 차원에서 진행된 변화도 학교자율운영의 중요한 맥락을 구성한다. 1970년대 말부터 상당수의 서구 산업 국가는 경기 침체를 경험하였다. 자본 축적의 위기crisis of accumulation에 처한 국가들은 복지국가를 운영하는 데 가용할 수 있는 예산을 대폭 줄이고자 했다. 그런데 복지 재정을 일방적으로 감축하면 복지 혜택을 받아 온 많은 사람들이 큰 불만을 품게 된다. 자본 축적의 위기가 곧바로 정당성의 위기crisis of legitimation로 이어질 수 있는 것이다. 국가는 복지 재정을 슬기롭게 감축할 수 있는 방법을 모색하게 되었다.

학교자율운영은 이런 상황에서 효과적인 방안으로 선택된 전략이었다. 교사들은 학교를 자율적으로 운영하고, 학부모들은 선택권choice을 행사할 수 있도록 하면, 교사와 학부모 모두 학교에 대한 주인의식ownership을 가지게 되며 교사들은 선의의 경쟁을 시작할 것이고, 궁극적으로 학교교육의 질이 높아질 것이다. 국가는 학교에 대한 여러 가지 규제를 최소화하고, 학교가 자율적으로 운영될 수 있도록 보장하되, 다만 학교운영의 결과를 평가해 그에 합당한 재정을 지원하기만 하면 된다. 대체로 이런 논리는 매우 상식적인 것으로 많은 사람들이 수긍할 수 있다. 민주주의 가치의 소산인 학부모의 자유 선택 보장, 교사들의 지향인 학교자율운영, 그리고 평가 국가evaluative state가 결합하면, 정당성의 위기를 심각하게 겪지 않고, 국가의 재정 부담을 효과적으로 줄일 수 있게 된다.Hartley, 1993

실제로 영국에서 자율경영학교는 학교 선택, 학교 간 경쟁, 그리고 학생 수에 따른 학교재정 배분과 결부되어 시행되었다. 자율경영학교 중 일부는 많은 학부모들의 선택을 받았고, 학교 간 경쟁에서 승리하였으며, 학교에는 과거보다 많은 돈이 흘러 들어왔다. 지방교육청의 간섭에서 벗어난 학교는 초과 재정을 '자율적으로' 활용할 수 있었다. 그러나 더 많은 학교는 경쟁에서 패배하였고, 학부모의 선택을 받지 못하였다. 당연히 그 학교에는 더 적은 돈이 들어왔다. 국가는 전체적으로 더 적은 교육재정으로 학교를 효과적으로 통제할 수 있었다.Walford, 1993 영국을 포함한 많은 국가에서 학교자율운영은 교사들에게 자율을 보장하는 외관을 취하면서, 국가의 교육재정 감축을 효과적으로 감추고, 학교운영의 책임을 교사들에게 전가하는 기제로 활용되었다. "위임된 것은 자율이 아니라 실패에 대한 책임"이라는 말이 학교자율운영의 실체를 적확하게 표현한다.Whitty, Power and Halpin, 1998: 12

국가의 통치 양식으로서의 학교자율운영

자본 축적의 위기와 정당성 위기를 겪는 국가는 종래와 같이 공공 기관에 대하여 강제적이고 처방적으로 통제할 수 없다. 국가는 통치 양식을 변화시키지 않을 수 없게 된다. 국가는 공공 기관에 대하여 더 멀리서, 더 비가시적인 방식으로 통치하는 것으로 전환하게 된다. 원거리 조정steering at a distance이 시작되는 것이다. 원거리 조정에서는 모든 기관에 대하여 강제하기보다는 일부를 선택하여 인센티브를 부여한다. 사전에 여러 가지를 세세하게 처방하기보다는 사후에 결과에 근거하여 책무성을 묻는다. 그리고 공공 기관을 강압하기보다는 자기

조정self-steering을 하도록 유도한다.Kickert, 1991

교육정책 부문에서 학교자율운영은 원거리 조정의 핵심 기제가 된다. 국가는 학교운영에 개입을 최소화하고, 교사들이 자율적으로 학교를 운영한다. 학교운영의 성패는 교사들에게 달려 있다. 학교운영의 결과에 따라 좋은 학교에 추가 재정을 교부한다. 결과가 좋지 않은 학교는 교사들이 책임을 져야 한다. 학교자율운영을 할 때 교사들은 국가의 직접적 지시에 따르지 않지만, 자신들에게 돌아올 책임을 의식하여 자기 규제를 시작한다. 국가는 무대에 등장하지 않은 채로 교사들의 행위를 효과적으로 통제할 수 있다. 학교자율운영이 일종의 규율적 행위disciplinary practice가 되는 것이다.Ball, 1993 학교자율운영을 하면 교사들의 힘은 외관상 더 강화된다. 그러나 그들은 눈에 보이지 않는 실체를 직감적으로 의식하며 훨씬 유순한 존재가 된다.

이처럼 영국에서 실행된 학교자율운영은 대단히 부정적인 결과를 빚었다. 국가는 모두에게 평등하고 양질의 교육을 제공할 사회적 책임을 대폭 축소하였으며 교육과 사회 양면에서 불평등은 심화하였다. 학교는 학부모들이 아무 때나, 무엇이나 살 수 있는 편의점과 같이 취급받게 되었고, 학교장은 교육자라기보다는 경영자로 인식되기 시작하였다. 마지막으로, 학교로 들어오는 돈은 점차 감소하였다.Smyth, 1993

학교자율운영은 학교 구성원들이 학교의 일을 스스로 결정하고 실행하는 운영 체제 정도로 소박하게 이해할 수도 있다. 그러나 이 개념은 역사성을 지닌다. 독일에서 학교가 오랫동안 국가 감독의 대상이 되어 오던 중에 '관리된 학교'에 관한 비판이 제기되고, 학교자치 기구가 성립하게 된 과정은 이 개념의 역사성을 잘 보여 준다. 그리고 학교자율운영은 다소간 복잡한 개념적 쟁점을 내포한 교육 실천 행위이다. 또 이것을 실행하기 위해서는 정교한 조건을 충족해야 한다. 미국의 학교 재구조화 운동 사례는 이를 실증한다. 한편, 학교자율운영은 교육적인 문제만은 아니다. 오히려 어떤 시점의 특정한 사회 정치적 상황에서 여러 주체들의 정치적 투쟁의 결과물일 수 있다. 또한 학교자율운영이 정치 경제적 함의를 지닐 수도 있다. 영국에서 학교자율운영 개념이 제도화한 과정은 이를 극적으로 보여 준다. 한국의 학교 혁신 운동 또는 학교자치에 관한 실천과 연구를 심화하는 데에 외국의 사례가 도움이 될 수도 있다.

제2장

학교자율운영 1.0의
배경과 원리

한국 교육계에서 학교자율운영 담론이 널리 유포되기 시작한 시점은 1995년의 교육개혁이다. 5·31 교육개혁으로 알려진 이 개혁은 한국 교육계의 자율 지향과 호주의 학교자율운영 사례, 그리고 OECD의 신공공관리적 학교 변화 전략이 결합한 것이었다. 이 개혁안에는 국가 규제에서 자유로운 시장 상황을 조성하고, 선택과 경쟁이라는 방식을 활용하여 학교 관계자들을 동기화하고, 궁극적으로 학교가 자율적으로 운영되도록 하는 전략이 내장되어 있었다. 지난 이십여 년 동안 교육개혁 방안은 착실히 제도화하였고, 나름대로의 성과와 한계를 드러냈다. 교육 규제가 완화된 공간에서 학교자율운영과 학교혁신의 여지가 만들어졌다는 성과와 함께 교사 동기의 약화와 공동체 규범의 침식, 학교 다양화가 아닌 서열화, 학교 간 분리와 교육 불평등 심화 등이 문제로 제기되었다.

이 글에서는 1995년 교육개혁으로 제도화한 학교자율운영 전략을 학교자율운영 1.0으로 명명하고, 이 장에서 이 전략의 전개 과정과 논리, 성과와 한계를 분석한다.

1.
제기된 맥락

한국 교육에서 '자율' 담론이 널리 퍼지기 시작한 것은 1980년대 말부터다. 그 무렵까지 학교교육 정책은 교육제도를 정비하거나 교육 내용이나 방법에 관한 것이 대부분이었다. 1950년대의 의무교육 6개년 계획과 1960년대 말 중학교 무시험입학, 1970년대 중반 고교평준화와 지방교육재정교부금제도를 필두로 한 교육재정 제도 등 학교교육 확대를 위한 교육정책, 그리고 도의교육과 반공교육, 직업교육과 시청각교육 등 교육 내용과 방법에 관한 정책이 한국 교육정책사를 장식한 정책들이다.

1980년대 말에 이르러 학교운영 방식을 전환하는 정책 과제가 제기되고, '자율'이 핵심 개념으로 등장하였다. 이 무렵에 오랫동안 지속된 군부 독재 체제와 관료제 문화가 교육에 타율과 획일을 초래하였다는 진단이 교육 전문가들에게 공유되었다. 전두환 정부에서 활동한 '교육개혁심의회'¹⁹⁸⁷에서 제출한 교육개혁 방안에는 '교육행정 자율화'가 포함되었으며 학교 단위의 자율성과 창의성을 살릴 것이 개혁 과제로 제안되었다. 한편, 학교운영 자율화는 교사들에게 현실적인 문제가 되었다. 1980년대 중반 교사 운동 과정에서 '교육 민주화' 요구가 높아졌다. 교육 민주화는 학교운영 자율화를 중요한 내용으로 포함하였는데, 1980년대 말 벌써 교무회의 의결기구화는 물론 민주적 학생회 결성 및 운영이 전교조의 중요한 교육개혁 제안이 되었다.이철국, 1991 1980년대 말에 교육계에서는 한국 교육을 '붕어빵 기계에 붕어빵 찍어 내는 교육'에 비유하는 경우가 많았다. 타율과 획일의 대척점에 '자율'과 '다양성'이라는 지표를 세우고 학교운영 방식의 획기적 변화를 주장하는 목소리가 높아졌다.

자유, 개성, 창의는 한국의 교육 이념에서부터 교육 내용, 교육 방법, 교육행정에 이르기까지 한국 교육의 거의 모든 영역의 행동에서 요구되는 전환의 방향을 지시하는 개념이다. 그만큼 과금 한국 교육이 심한 권위주의적 他律과 획일적 集團主義와 번잡한 博識主義에 빠져 있기 때문이다. … 우리는 타율의 꼭두각시에서 벗어나야 한다. … 타율 상황에서 사람들은 근본적으로 "신이 나지 않는다".정범모, 1991: 432~433

당시 교육계 인사들이 제시한 '자율'은 학교개혁의 방향 또는 원리였을 뿐, 실제로 변화를 일으킬 수 있는 구체적인 지침은 되지 못하였다. 학교를 어떻게 운영해야 할 것인가, 또는 학교운영 방식을 어떻게 바꾸어야 하는가에 관하여 명확한 그림이 존재하지 않았기 때문이다. 그런데 비슷한 시기 호주에서 '자율' 원리를 구현하여 학교를 운영한 결과 학교교육이 크게 개선되었다고 주장하는 연구자와 실천가가 나타났다. 호주의 교육 연구자와 학교장인 콜드웰과 스핑크스[1988]가 자율학교Self-managing school를 운영하고, 그것이 학교운영의 효율성과 효과성을 상당히 제고하였다는 실증적 자료를 제시하였다. 그들 학교에서는 교육행정의 세 가지 주요 요소인 인사man, 교육과정material, 교육재정money 면에서 규제를 완화하였다. 교육청에서 교사를 배치하지 않고 학교가 자율적으로 교사를 초빙하였으며, 국가 수준의 교육과정 틀에서 상당한 재량을 발휘하여 학교 수준의 교육과정을 편성하고 실행하였다. 또, 학교 스스로 교육 목표를 수립하고 그에 합치되는 방향으로 학교재정을 편성·운용하였다. 그들은 학교자율운영을 시작한 이후 학생의 학업성취가 향상되고 교원의 만족도 역시 높아졌다고 자신들의 사례를 널리 소개하였다.

호주의 개혁 사례는 세계 여러 국가에 급속히 확산되었다. 당시 신공공관리적New Public Management: NPM 행정개혁을 실천하고 있던 영국에서 가장 열렬하게 반응하였다. 재정 위기를 경험한 영국은 공공부문을 대폭 축소하고, 공공 부문에는 경쟁 원리를 도입하고 있었다. 또 책임운영기관Agency을 도입하여 기관 운영의 자율성을 최대한 보장하여 고객 맞춤형 행정 서비스를 제공하도록 하되, 감독청이 기관 운영의 성과를 점검하고 책임을 묻는 방식의 개혁이 추진되고 있었다.[정정길, 2000: 496~497] 호주의 자율경영학교는 영국의 책임운영기관 아이디어와 맥이 닿았다.

한국 교육에서 학교자율운영이 본격적으로 논의되기 시작한 것은 1995년의 5·31 교육개혁부터다. 한국은 1996년에 OECD에 가입하지만, 1991년부터 교육부 관료를 OECD에 파견하여 가입을 준비하였다.

이미 1980년대 중반부터 OECD는 학교자율운영에 관한 논의를 활발하게 진행하고 있었고, 당시 OECD에 파견된 교육부 관료에게 가장 인상적인 것도 학교자율운영이었다.^{김용·박대권, 2018} 1995년 교육개혁안을 만드는 과정에서 OECD의 논의가 적극적으로 수용되었다. 결과적으로 '자율과 책무의 교육개혁'을 앞세운 교육개혁안에 학교자율운영 아이디어가 적극적으로 반영되었다. 이렇게 보면, 한국의 학교자율운영은 교육계의 지향과 호주의 운영 모형, OECD의 논리가 결합한 산물이라고 할 수 있다.^{김용·김혁동·송경오·정바울, 2015}

2.
학교운영 모형

　학교를 '자율적으로' 운영하는 일에 관하여 1980년대 말부터 1990
년대 초에 걸쳐 한국의 교육계 안에서는 다소 다른 생각이 경쟁하고
있었다. 교육계 주류는 교육부와 교육청이 학교운영에 지나치게 세세
한 내용까지 규제와 간섭을 지양하는 일을 학교운영 자율화의 지름길
로 보았다. 특히 교사의 수업 내용과 방법에 관한 과도한 간섭을 획기
적으로 줄이는 일이 중요하다고 보았다. 과도한 규제와 간섭이 없으면
학교는 스스로 운영될 수 있다는 입장이었다. 이런 견해는 교사들에
게 교육 활동과 학교운영을 맡기면 교사들이 자율성과 전문성을 발
휘하여 학교를 스스로 꾸려 갈 수 있을 것이라는 생각을 전제한 것이
었다.

　　… 자율은 모든 전문직의 근본 특성이다. 매한가지로 학교의
　자율권, 대학의 자율권, 교육위원회의 자율권은 교육부와 정부에
　의해서 존중되어야 한다. 자주 거론되는 교육 효율, 행정 효율의
　저하, 교원 사기의 저조 등의 근본 원인의 중요한 부분이 타율의

상황에 있다. 타율 상황에서 사람들은 근본적으로 "신이 나지 않는다". … 자율과 개성 신장 없이 想像과 創意는 기대할 수 없다. 타율과 집단 압력의 상황에서는 상상과 창의란 도리어 반항이고 "죄악"이기 때문이다. 그런 상상력과 창의력에 미래 사회에서의 생존과 발전이 달려 있고, 실은 "인간됨"도 거기에 달려 있다.정범모, 1991: 432~433

이에 비하여 전국교직원노동조합(전교조)으로 대표되는 교육계 비주류 또는 진보 진영은 '민주주의'를 학교자율운영의 핵심 가치로 주장하였다. 권위주의 교육행정 체제에서 학교장은 말단 관료가 되어 교육부 등의 지시를 그대로 전달하는 역할을 하고 있으므로 학교 안에서 교무회의를 법정 기구로 만들어 학교운영의 중요 사항을 교사회 또는 교무회의에서 의결할 수 있도록 해야 하며, 더불어 학생회를 조직하여 학교운영 과정에 참여할 수 있도록 해야 한다는 것이었다.이철국, 1991

그러나 1995년 교육개혁 과정에서 학교자율운영 관련 정책에 가장 강력한 영향을 끼친 것은 OECD의 학교자율운영 논리였다. 그 논리는 어떤 것이었는가?

1970년대 말부터 재정 위기를 경험하고 있던 선진 국가들은 국가운영의 틀을 근본적으로 바꾸는 개혁 논의를 진행해 왔다. 영국의 경우, 대처 수상을 필두로 한 보수당 정치인들은 너무 비대한 정부, 과도한 복지, 지나치게 강한 노동조합 등이 영국의 경제 위기를 초래하였다는 입장을 가지고 있었다. 이들은 '작은 국가'를 정책 방향으로 제시하고, 국가를 축소하여 국가는 정책의 방향을 설정하는 일로 역할을 국한하며, 기존에 국가가 해 오던 많은 일을 민간에 과감하게 위임(또는 이양)하고자 했다. 또, 국가가 반드시 해야 할 수밖에 없는 일에는 기업 운영 방식을 도입한다. 종래 국가가 해 오던 일을 수행하는 민간 기관에는 운영의 자율성을 최대한 보장하되, 국가는 복수의 민간 기관 운영에 경쟁을 촉발하고, 기관 운영의 성과를 평가하여 적절하게 유인을 제공하면 국가 운영의 효율성이 높아질 것이다. 이와 같은 생각은 신공공관리라는 새로운 행정개혁 방식으로 정립된 것으로, '노 젓기에서 방향 잡기로from rowing to steering'라는 구호로 표현되었다.Osborne & Gaebler, 1992; Peters, 1997

그런데 신공공관리는 공공 부문 종사자들에 관한 특정한 입장을 전제한다. 즉, 공무원들이 자신의 일을 돌보듯이 일을 하지 않고, 공익에 봉사하기보다는 자신의 개인적 편익을 취하는 행동을 하려는 경향, 즉 지대 추구 성향이 있기 때문에 이들에게 국가의 일을 맡겨 두면 비효율이 발생한다. 따라서 가능한 민간에 위임해야 한다. 또 반드시 공무원에게 맡겨야 하는 경우에는, 공무원들의 지대 추구 행태를 효과적으로 통제해야 한다.

공무원들의 지대 추구 행태를 어떻게 제어할 것인가? 이 질문에 대하여 경제학의 한 분파인 신제도경제학neo-institutional economics이 대안을 제시했다. 신제도경제학은 기업 조직에서 발생하는 문제를 합리적으로 해결하기 위한 문제에 관한 것이다. 기업은 경영자와 노동자로 이루어지는데, 경영자와 노동자는 급여와 노동을 교환하는 계약 관계로 결합한다. 경영자는 주인principal의 위치에서 급여를 제공하고 노동자는 경영자의 대리인agent으로서 노동을 제공한다. 그런데 일에 관하여 주인과 대리인 사이에는 정보 비대칭information asymmetry이 존재한다. 대리인이 주인에 비하여 일에 관해 상대적으로 더 많이 알고 있는 정보 비대칭 상황에서 주인은 두 가지 일을 피할 수 없다. 우선 주인은 대리인을 선발하는 과정에서 대리인의 태도나 실력을 잘 알 수 없기 때문에 대리인을 잘못 선택할 수 있다. 또, 좋은 대리인을 선발한 경우에도 문제가 발생할 수 있다. 주인이 일을 잘 모른다는 사실을 악용하여 대리인이 주인을 기만할 수 있기 때문이다. 전자를 역선택adverse selection, 후자를 도덕적 해이moral hazard라고 부른다. 이 두 가지 문제는 거의 모든 조직에서 발생할 수밖에 없는데, 대리인의 기회주의적 행동을 어떻게 제어할 것인가가 신제도경제학의 중심 질문이다. 신제도경제학자들은 주인은 대리인들이 반드시 달성해야 할 표준을 설정하고standard setting, 대리인들이 목표를 달성하고 있는지를 모니터링하고monitoring, 대리인 사이에 경쟁competition을 조직하고, 과업 수행 결과에 따라 인센티브incentive를 부여해야 한다고 제언한다.Moe, 1984

신제도경제학의 문제의식과 처방은 곧 경제 외의 사회 부문에도 활용되었다. 미국의 정치학자인 모Moe, 1984는 대의제 민주정치를 신제도주의적으로 설명하였다. 민주주의 국가에서 국민과 대통령 사이에는 주인과 대리인 관계가 성립한다. 대통령과 장관 사이의 관계도 마찬가지다. 교육 부문도 마찬가지일 것이다. 지역의 주민과 교육감 사이에는 주인과 대리인 관계가 성립하며, 교육감이 위임사무를 처리하는 경우에는 교육부 장관과 교육감 사이의 관계도 마찬가지다. 교육감과 교육장, 교육장과 교장, 교장과 교사 관계도 주인과 대리인 관계로 이해할 수 있다. 모든 단계에서 역선택이나 도덕적 해이가 발생할 수 있고, 대리인의 지대 추구 행위를 어떻게 제어할 것인가라는 문제가 제기된다.

[그림 II-1] 교육에서 주인-대리인 관계

신공공관리적 학교 변화 모형은 교사와 학교에 관하여 나름대로 평가하고 변화 방향을 구체화한 것이다. 이 모형은 교사와 학교를 어떻게 바라보고 있으며, 어떻게 변화시키고자 하는가? 이 모형에서 교사는 게으른 존재, 즉 학생을 위하여 부단히 노력하지 않으면서 자신의 편의만을 추구하는 기회주의적 존재로 묘사된다. 뒤에 살펴볼 경제학자들의 논문신광식·이주호, 1995에서는 '지대 추구자'나 '지대 추구적 행위'라는 개념이 교사와 결합하여 사용되고 있다. 모든 '특권'이나 독점적 지위를 확보하기 위한 노력이나 활동을 '지대 추구rent seeking'라고 하며, 사회 구성원 다수를 희생시켜 특정 세력들에게 이득을 몰아주는 여러 가지 행태를 지대 추구 행위라고 부른다.^{김성준, 2012: 85~89} 학생들의 성장에는 별 관심이 없고 자신들의 복지와 편의를 향상시키는 일에만 관심을 두는 교사들을 지대 추구자로 볼 수 있다. 지대 추구 행위를 하는 교사들은 신뢰할 수 없다.

교사 스스로 학생들의 교육에 관심을 갖고 자발적으로 변화 흐름에 동참할 것을 기대할 수 없기 때문에 외부로부터 충격이 필요하다. 책무성을 확인하는 일도 중요하다. 교원평가와 성과급제도, 더 넓게는 교육정보공개제도가 이런 문제의식에서 제도화되었다. 그리고 평가와 성과급 정책을 시행하기 위해서는 객관적 자료가 필요하다. 아울러 학부모들이 가장 관심을 가지고 있는 교육정보는 학생들의 학업성취 관련 정보다. 서양 여러 국가에서 표준화 시험이 활용되는 이유가 여기에 있다. 시험 결과를 교원평가와 결부 짓고, 그 결과에 따라 성과급을 지급한다. 평가와 성과급 같은 외적 동기 유발 기제는 교사들의 내적 동기를 추동할 것이다. 또 시험 결과를 공개하고, 학생들의 학교 선택에 그 정보를 활용한다. 이렇게 하면 교사들의 지대 추구 행위를 효과적으로 통제하고, 교사와 학교 간에 선의의 경쟁을 유발하여 전체

[그림 II-2] 신자유주의적 학교 변화 전략

적으로 교육 질을 높일 수 있다. 이것이 신자유주의적 학교자율운영 전략이다.

한국에서의 논의를 보자. 박세일, 그리고 이주호와 신광식 등 한국 개발연구원KDI 출신의 경제학자들은 '학교가 잘 움직이지 않는' 문제를 '교육에서의 경쟁 구조의 왜곡'이라는 관점으로 설명하였다. "학생은 경쟁하지만 학교와 교사는 경쟁하지 않는다"는 말이 그들 주장의 핵심이다.

> 관료적 통제의 교육이 우리 학생과 학부모가 겪었던 고통을 해소해 주었는가? 우리의 대답은 부정적이다. 경쟁은 완화되었다. 자율권과 경쟁이 사라지면서 경쟁에서 자유로워진 것은 학교와 교육을 담당하는 사람들이었다. 학교는 … 잘하든 못하든 다른 학교와 동일한 지원을 받고 똑같은 통제를 받기 때문에 굳이 학생이나 학부모를 위해 노력할 필요를 느끼지 못한다. … 그럼 우리 학생들도 경쟁으로부터 자유로워졌을까? 전혀 아니다. 학교 간 경쟁은 사라졌는지 모르지만, 학생들은 여전히 입시에서의 성공을 위해 다른 학생들과 경쟁하고 있다.이주호·홍성창·박혜경 외, 2006: 36~37

이들은 '교육에서의 경쟁 구조를 정상화하는 것', 즉 학교와 교사 간 경쟁을 유발하여 학교를 변화시키는 것을 개혁의 방향으로 설정하고 다음과 같은 다섯 가지 원칙을 제안하였다.신광식·이주호, 1995 (1) 대학에 대한 진입, 공급 규제를 철폐할 것, (2) 교육정보공개의 흐름을 활

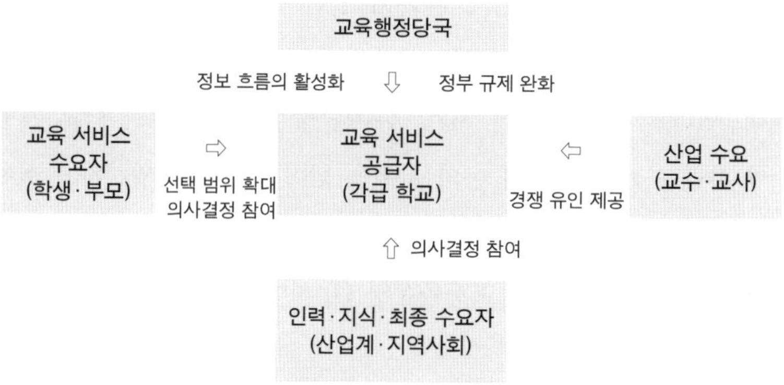

교육행정당국

정보 흐름의 활성화 ⇩ 정부 규제 완화

| 교육 서비스
수요자
(학생·부모) | ⇨ 선택 범위 확대
의사결정 참여 | 교육 서비스
공급자
(각급 학교) | ⇦ 경쟁 유인 제공 | 산업 수요
(교수·교사) |

⇧ 의사결정 참여

인력·지식·최종 수요자
(산업계·지역사회)

[그림 II-3] 교육에서의 경쟁 구조 정상화

성화할 것, (3) 학생 및 학부모의 선택 범위를 확대할 것, (4) 학부모, 산업계, 지역사회 등의 교육 관련 의사결정 참여를 확대할 것, (5) 교사 및 교수들에게 경쟁의 유인을 제공할 것. [그림 II-3]은 이런 원칙에 입각한 한국 교육의 개혁 방안을 정리한 것이다.

금방 알아차릴 수 있는 사실이지만, 1995년 교육개혁 이후의 역사는 앞의 다섯 가지 원칙이 차례로 제도화된 역사였다. 대학설립준칙주의, 교육정보공개제도, 새로운 유형의 고등학교 설립과 학교 선택권 확대, 학교운영위원회, 교원평가와 성과급 제도 등은 다섯 가지 원칙을 구현한 것들이었다.

이상 살펴본 것처럼, 한국에서는 1990년대 중반부터 교육계의 지향과 경제계의 논리, 외국의 모형이 결합하면서 등장한 학교자율운영에 관한 정책 아이디어가 널리 유통되기 시작하였다. 타율과 획일의 대척점에서 새로운 단계 교육으로의 길을 열어 줄 규범적 지향으로서의 '자율'과 '노 젓기rowing에서 방향 잡기steering로'라는 정부 운영의 새로운 방향을 상징하는 '규제 완화'가 일견 상통할 수 있는 개념으로 이해되면서, 교육계와 경제계를 연결하는 개혁의 열쇳말로서 '자율'이 채택되었다.^{김용, 2012} 비슷한 시기, 호주를 중심으로 실천된 학교 자율 경영 사례는 개혁 전략이 논의 차원을 넘어 현장에서 원만하게 실천될 수 있음을 보여 주는 신호가 되었다. 이런 배경에서 학교자율운영에 관한 하나의 모형인 학교자율운영 1.0 시대가 열렸다.

3.
학교자율운영 정책의
전개와 접근 방법상 특징

앞에서 살펴본 것처럼, 학교자율운영을 위한 정책은 교원평가, 교원 성과급, 교육정보공개 등 다양한 정책을 포함한다. 그러나 교육부에서 '자율화' 정책이라고 부른 대부분의 정책은 교육 규제를 완화하는 정책들이었다. 분권화와 규제 완화는 학교자율운영의 방법론으로 널리 활용되어 왔다.[김용, 2012: 신상명 외, 2009] 교육부가 가지고 있는 권한을 교육청에 이양(또는 위임)하고, 교육청의 권한은 학교에 위임한다. 중앙정부의 교육 관련 규제를 철폐하거나 완화(또는 개혁)하여, 규제가 사라진 공간에서 교육자들이 자율적이고 창의적으로 학교를 운영할 수 있도록 하는 것이 자율화 정책의 방향으로 채택되어 왔다.

김영삼 정부에서 규제 완화 정책을 시작한 이래, 정부 교체와 무관하게 규제 완화 정책이 계속되어 왔다. 교육 규제 완화 정책은 네 가지 유형으로 분류할 수 있다.[김용, 2010]

첫째, 규제 완화 학교 정책이 시행되었다. 교육법상 몇몇 조항의 특례를 인정받는 학교를 통해 교육의 자율화와 다양화를 도모하기 위한 정책이다. 한동안 한국판 협약학교charter school라고도 불렸던 자율학교는 학교 자율화와 다양화의 선봉적 교육정책 수단으로, 대표적인 규제 완화 학교다.

둘째, 규제 완화 지역 정책을 시행하였다. 교육법상 특례를 인정받는 지역을 설정하여, 당해 지역 내의 교육 활동의 자율화를 도모하기 위한 것이다. 외국 교육기관 설립의 특례를 인정받는 경제자유구역과 제주특별자치도나 지역 특화 발전 특구법에 의한 교육 특구가 그 예다.

셋째, 초·중등교육 분야 전반에 관한 교육 규제 완화이다. 주로 법규 명령이나 고시, 지침 등 형태로 학교에 부과되었던 의무를 철폐하거나 완화하는 것으로서, 이명박 정부 당시 '4·15 학교 자율화 조치'가 대표적이다.

넷째, 고등교육 분야 전반에 관한 교육 규제 완화다. 고등교육은 초·중등교육과는 다른 속성을 가지고 있다. 특히 산업으로서의 교육의 성격이 도드라지는 분야이다. 고등교육 분야의 규제 완화도 속도감 있게 진행되었다.

이 가운데 초·중등학교 자율운영의 대표 정책은 자율학교와 교원인사, 교육과정, 학교재정 면에서의 규제개혁 정책이다. 교원 초빙제, 교육과정 자율화, 학교회계제도는 대표적인 교육 자율화 정책이다. 또 교육부 주도로 계속된 규제개혁도 자율화 정책의 주요 내용을 구성한다.

학교자율운영 1.0은 다음과 같은 특징을 갖는다.^{김용·김혁동·송경오·정바울,} 2015

첫째, 정부 규제government regulation를 교육문제의 원인으로 보고,

규제를 완화하는 방식으로 학교자율운영을 도모하고자 하였다. 학생 및 학교 선택을 강조한 교육과정이나 수업 시수 증감을 허용한 교육과정 자율화는 교육과정 부문의 규제 완화 정책이었고, 초빙 교장과 교사 초빙제도는 교원인사 부문의 자율화 정책이었다. 또, 학교회계 제도는 학교재정 부문의 규제 완화 또는 자율화 정책이었다. 이 밖에도 대학설립준칙주의는 한국 교육의 병목 현상을 해소하기 위한 자율화 정책이었고, 학교 선택 제도는 경제계의 입장에서 보면 핵심적인 규제 완화 정책이었다.

둘째, 자율화 정책의 목표는 분명하지 않았다. 경제계는 규제 완화로 다수 교육 수요자의 이익 또는 효용 총량이 늘어날 것이라는 공리주의적인 이유로 자율화 정책을 지지하였다. 교육계는 '자율은 곧 선'이라는 도식, 또는 '교육의 목표는 자율적 인간 양성'이라는 오래된 지향으로 자율 정책의 목표를 대체하였다. 그러나 교육개혁에 대한 공리주의적 사고는 정치 경제적 분석을 결여한 것이었다는 점에서, 그리고 교육계의 인식은 '자율화' 정책과 교육 목적으로서의 '자율'을 근거 없이 등치시켰다는 점에서 소박하거나 순진하거나 현실을 오도할 수 있는 인식이었다.

셋째, 여러 개혁 주도 집단은 자율 정책의 작동 기제를 다르게 상정하였다. 교육학계는 자율화가 이루어지면 교사들의 창의와 사기가 높아질 것이라는 다소간 낭만적인 인식을 가지고 있었다. 다만, 학교가 공동체로서 조직되기 위해서는 이를 뒷받침할 수 있는 학교운영 구조를 갖추는 일이 긴요하다고 보았고, 이런 맥락에서 학교운영위원회를 핵심 정책으로 제안하였다. 경제계는 신제도경제학의 대리인 이론에 입각하여 교사들을 지대 추구자로 보는 시각에서 평가 등 책무성 정책을 시행하고 성과급 등 재정적 유인을 제공하는 일이 중요하다고 보았다. 한편, 전교조와 같은 교사 집단은 학내 민주주의를 확립하여 교사들의 권한을 확대할 때 참여가 진작될 수 있다고 보았다. 학내 민주주의는 교장의 권한을 교사, 학생, 학부모 등 학교 당사자들에게 분산시키는 일이 될 수 있기 때문에 교사회, 학생회, 학부모회 등의 법제화와 교장 선출 보직제 또는 내부형 교장 공모제 확대에 주력하였다. 개혁 전략을 둘러싸고 다양한 논의가 이루어졌으나, 현실에서는 책무성 정책이나 재정적 유인을 앞세운 경제계의 개혁 기제가 일방적인 승리를 거두었다. 지난 이십여 년간 책무성 기제는 놀랄 만큼 강화되었다. 학교운영위원회는 일부 학교의 모범적인 운영 사례에도 불구하고 많은 학교에서 교장의 응원 부대로 전락하였으며, 교사회 등의 법제화는 아직 요원하다.

넷째, 학교자율운영 1.0은 개별 학교를 근거지로 삼는 변화 전략이었다. 기존의 자율운영 정책은 정부와 학교 간의 일대일 관계를 상정하고, 정부가 규제를 완화하고 책무성 정책이나 재정적 유인을 제공하면 학교 내에서 변화가 발생할 것이라는 변화 모형에 입각하였다. 이런 도식은 학교 간의 관계와 학교와 환경 간의 관계에 대한 인식을 결여하고 있다. 즉, 한 학교에서의 변화가 다른 학교에는 어떤 영향을 끼치게 될 것인지, 학교를 둘러싼 환경은 학교의 변화에 어떤 영향을 끼칠 것이며, 학교의 변화는 환경을 어떻게 변화시킬 것인지에 대한 인식이 충분하지 않았다. 학교자율운영에 관한 사회학적 분석이 미흡했다고 평가할 수 있다.

4.
학교자율운영 1.0의
조직론적 의미

한편, 학교자율운영 1.0 모형은 학교 조직에 관하여 모종의 평가를 전제로 하며, 조직의 변화를 지향한다. 신공공관리적 학교 변화 모형은 교사와 학교에 관한 모종의 평가와 나름대로의 변화 방향을 구현한 것이다. 이 모형은 교사와 학교를 어떻게 바라보고 있으며, 어떻게 변화시키고자 하는가?

이 모형에서 교사는 게으른 존재, 즉 학생을 위하여 부단히 노력하지 않으면서 자신의 편의만을 추구하는 기회주의적 존재로 그려진다. 교사를 지대 추구자로 보고, 이들의 지대 추구 행태를 제어하기 위하여 각종 평가와 성과급 등 책무성 정책을 편다는 사실은 앞에서 지적하였다.

한편, 학교자율운영 1.0 모형은 학교의 느슨한 결합적loose coupling 성격을 문제로 본다. 학교는 얼핏 '이상하게' 보이는 조직이다. '전인교육'을 학교의 목적으로 들면서도, 정작 학교의 주된 과업인 교과를 가르치고 배우는 일은 전인교육과 그다지 관계가 없다고 생각하는 교사들이 적지 않다. 학교 구성원, 특히 교사들 간의 관계가 느슨하다. 이런 관계에서 '부적격 교사'들이 온존할 수 있는 토양이 형성되었으며, 선구적인 교사의 혁신이 학교 전체로 확산되기는 어려웠다. 교수 방법은 교사 수만큼 다양하여 종잡을 수 없다. 과업과 기술의 관계가 느슨한 셈이다. 또 연공급적 보수 체계는 교사 개개인의 성과를 반영하지 못한다. 학교 조직의 이와 같은 특성은 기업의 특성과는 극명하게 대비된다. 기업은 목적과 과업, 과업과 기술, 과업과 구성원, 구성원과 구성원, 과업과 평가 간의 관계가 상당히 단단하게 결합되어 있다tight coupling. 반면 학교 조직을 구성하는 요소들의 관계는 매우 느슨하다.

신공공관리적 접근에 터한 학교자율운영 1.0은 학교를 단단한 결합 조직으로 변화시킨다.김용, 2012: 190~191; Fusarelli, 2002 이명박 정부에서 시행된 일제고사와 학교 성과급 제도를 둘러싼 학교 조직의 변화는 이런 경향을 잘 보여 준다. 당시 학교는 '기초학력 부진 아동 제로'를 교육 목표로 명확히 하고, 시험 대상 학년의 수업은 시험을 위한 수업teaching to the test으로 변화하였다. 교사들의 과업과 학교교육 목표가 단단히 결합된 것이다. 또 시험을 위한 수업은 교사들의 수업 방식을 획일화하여, 과업과 기술 역시 단단히 결합되었다. 여러 학교에서 시험 성적에 따라 성과급을 배분하게 되면서, 과업과 평가 또한 단단히 결합되게 되었다.

또, 학교자율운영 1.0은 학교를 공리조직utilitarian organization으로 변화시킨다. 과거에는 교사들의 사명과 헌신을 강조하였다면, 이제는 그 자리를 가산점이나 금전과 같은 것들이 대체하고 있다. 도덕적 권력과 헌신을 축으로 결합하는 규범조직으로서의 학교가 보상적 권력

과 타산적 관여를 축으로 결합하는 공리조직으로 변화하고 있는 것
이다.김용, 2012: 189-191

5.
학교자율운영 1.0에 대한 평가

학교자율운영 1.0 모형은 제도화 초기 압도적 지지를 받았다. 그러나 이십여 년이 흐른 시점에서는 객관적 평가가 가능하게 되었고, 초기의 열기는 상당히 사그라졌다. 이 모형에는 공과가 있다.

먼저 성과를 살펴보자. 정부 규제의 문제점을 직시하게 된 것은 중요한 성과다.김용·김혁동·송경오·정바울, 2015 인사, 교육과정, 재정 등 학교운영 요소들에 관한 과도한 규제는 교사들의 창의를 저해하고 사기를 떨어뜨린다. 과도한 규제가 타율적 문화와 획일적 학교운영을 합리화하고 제도화하기도 한다. 학교자율운영 1.0 개혁의 성과로 교원 초빙제도, 교육과정 자율화, 학교회계제도 등이 도입되어 규제가 완화되었다. 이런 결과로 학교혁신을 이룬 사례가 속속 나타나게 되었다. 학교혁신을 구현하였던 초기 사례들은 대부분 초빙제도를 적절히 활용하여 교사팀을 구성하고, 교육과정 규제 완화를 학교의 표준 운영 절차standard operating procedure: SOP를 변화시키는 데 활용하였다. 80분 단위 블록 수업과 30분 놀이 시간은 대표적인 사례다. 또 학교회계제도를 적극적으로 시행하여, 교육 활동과 돈의 흐름을 맞추고자 하였다. 개별 학교가 나름의 특색을 갖추고 자율적으로 발전을 도모할 수 있도록 힘을 불어넣은 것도 학교자율운영 1.0 시대의 성과라고 할 수 있다.

그러나 이 모형의 문제점도 드러나고 있다. 학교자율운영 1.0은 나름의 성과를 낳았지만, 여러 가지 문제 또는 한계를 노정하였다. 아래에서 자세히 설명하겠지만 학교자율운영 1.0의 문제나 한계는 학교 변화에 대한 고유한 특징이나 접근법에 이미 내포된 것이었다고 할 수 있다.^{김용·김혁동·송경오·정바울, 2015}

학교자율운영 1.0의 가장 큰 문제는 정책의 인과 이론causation theory이 잘못된 것으로 드러났다는 점이다. 학교자율운영 1.0은 규제 완화를 주요 전략으로 채택하였으며, 교사들의 역량 배양capacity building을 위한 섬세한 정책은 실행되지 않았다. 아울러, 교사를 불신하고 책무성 기제나 금전적 유인과 같은 외적 동기 기제를 통해 내적 책무성을 유발하고자 했던 신자유주의 교육개혁 전략은 현실에서 작동하지 않았다. 책무성 정책은 교사들의 창의와 사기를 꺾고 탈전문화하였으며, 시험을 위한 수업teaching for test으로 교육 활동을 왜곡하였다.^{Elmore, 2004; Fuller, 2008} 결과적으로 학부모들의 학교교육 만족도가 크게 나아지지 않았다. [그림 Ⅱ-4]와 [그림 Ⅱ-5]는 각각 초·중등교육에 대한 국민 만족도 변화 추이와 2013년 OECD의 TALISTeaching and Learning International Survey 조사 결과이다. 학교교육에 대한 국민의 만족도가 보통 수준에서 변동이 없는 것을 알 수 있으며, OECD 다른 국가와 비교하여 한국 교사들의 자기 효능감이 상당히 낮은 수준임을 알 수 있다.

이것뿐만 아니다. 학교자율운영은 학교교육을 다양화시킬 것이라는

2.94 3.05 3.09 2.82 2.90 2.49 2.75 2.73 2.58 2.77

2006 2008 2010 2011 2012 2013 2014 2015 2016 2017

*한국 교육개발원 교육 여론 조사 각 연도
*"현재 우리나라의 초·중·고등학교를 전반적으로 평가한다면 어떤 성적을 주시겠습니까?"
라는 질문에 대한 답변 평균(5점 만점)

[그림 II-4] 학교교육에 대한 국민 만족도 추이

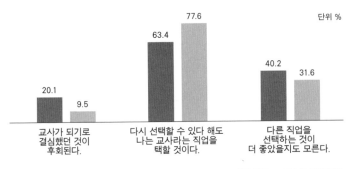

단위 %

| 20.1 | 9.5 | 63.4 | 77.6 | 40.2 | 31.6 |

교사가 되기로
결심했던 것이
후회된다.

다시 선택할 수 있다 해도
나는 교사라는 직업을
택할 것이다.

다른 직업을
선택하는 것이
더 좋았을지도 모른다.

■ 한국 평균 ■ TALIS 2013 평균

*출처: OECD(2014). TALIS 2013 Results-An International Perspective on
Teaching and Learning. pp. 407~408에서 재구성함.

[그림 II-5] 한국 교사들의 자기 효능감 수준 비교(2013 TALIS 조사 결과)

기대를 모았다. 또, 학교 당사자들의 공동체성을 강화할 것이라고 약
속하였다. 그러나 이런 기대와 약속 역시 개혁 과정에서 허망한 것이
었음이 드러났다. 신자유주의 교육개혁과 결합한 학교자율운영은 교
육을 다양화시키지 못했다. 오히려 학교 서열화 체제를 강화시켰을 뿐
이다.^{김용, 2015; 손준종, 2017}

또한 학교자율운영은 학교장 중심 체제를 구축하도록 지원하였으며, 협응적 리더십distributed leadership이나 섬기는 리더십servant leadership 등 새로운 리더십을 체화하지 않은 학교장이 중심이 되는 학교운영 체제는 학교 구성원의 공동체성을 강화하기는커녕 교사 소외와 학생과 학부모 목소리의 질식과 같은 결과를 초래하였을 뿐이다.김용, 2012 어떻게 보면, 학교자율운영은 신자유주의 교육개혁의 핵심 정책으로 작동하면서 교육의 사사화와 공교육의 해체市川昭男, 2006, 김용 옮김, 2013라는 결과를 낳았다고도 할 수 있다.

한편, 학교 자율화 정책의 목표가 불분명했으며 개별 학교의 변화에만 주의를 집중하고 학교를 둘러싼 정책 환경에 대해서는 눈을 감았다는 사실은 학교자율운영 1.0이 교육 시장의 상품을 만들어 내는 정책으로 전락할 수 있음을 보여 주었다. 학교자율운영 1.0 정책 이전부터 대학 서열화 체제는 한국 교육의 중요한 제도적 구조를 형성하였으며, 과학고와 외국어고 등 특수목적고등학교를 앞세운 평준화 해체 정책은 꾸준히 계속되어 왔다. 특히 지난 이십여 년 사이에 자립(율)형 사립고등학교와 국제중학교, 외국인 학교 등 중등교육 단계에서 학교 서열화 체제를 공고화하기 위한 정책이 한층 강화되었다. 이런 정책 및 제도적 환경에서 학교자율운영은 더 잘 팔릴 수 있는 상품으로서의 학교를 만드는 정책으로 기능할 수 있으며, 실제로 기능하고 있다. 학교자율운영이 교육적으로 이상적인 학교를 만드는 정책이라는 인식은 허구일 수도 있다.

앞에서 소개한 호주의 콜드웰과 스핑크스[1988]가 보고한 학교자율운영의 성공 사례는 이런 사실을 매우 잘 보여 준다. 그들이 소개한 모범은 지역 내에 단 하나의 학교만 존재하는 상황에서 이루어진 것이었다. 학교가 경쟁에 휘말릴 가능성이 없었다. 그러나 그들의 학교운영 모형이 영국에 도입되었을 때, 영국의 자율경영학교들은 금방 선택과 경쟁에 휘말리게 되었다. 호주의 자율경영학교와 영국의 자율경영학교의 운영 실태가 극적으로 달랐음은 두말할 필요가 없다.Walford, 1993 한국에서도 학교자율운영이 성적이 우수한 학생을 선점하고 입시에 유리한 방향으로 교육과정을 운영하는 방향으로 활용되는 경우가 적지 않다. 또, 교육 생태계에 부정적으로 기능하는 문제를 시정하기 위하여 자사고나 외고의 입시나 교육 운영을 변화시키고자 할 때, '학교경영 자율권' 침해 주장이 전가의 보도처럼 등장한다. 결국 학교자율운영이 지양하여야 할 교육 체제를 오히려 공고화하는 셈이다.

학교자율운영은 사회적 폐쇄social closure를 강화하는 기제로도 작동하고 있다. 독일 사회학자 베버Max Weber는 현대 사회에는 기득旣得 집단들이 자신들의 경제·사회적 이익을 유지하기 위하여 사회적 폐쇄를 작동시킨다고 전망하였다.오욱환, 2010 사회적 폐쇄는 "제한된 범위의 적격자들a limited circle of eligibles만 재원과 기회에 접근할 수 있도록 구성함으로써 자신들의 보상을 극대화하려는 사회 집단들의 전략"이다.Parkin, 1979. 오욱환, 2010: 225 재인용 학교자율운영은 학교 단위로 구사할 수 있는 자율권을 발휘하여 학교 간 벽을 높이는 방향으로 작동한다. 학교자율운영으로 학교 간 연대와 협력이 강화되기는커녕 학교 간 분리가 심화된 것이 사실이다. 자율형 사립고등학교는 일반계 고등학교와 차별화하는 데 급급하며, 자율형 사립고등학교 내에서도 독자적인 프로그램이나 교수 전략을 내세우며 차별화를 도모한다. 초등학교나

중학교, 일반계 고등학교 중에서도 개별 학교의 특성을 앞세우며 특
성화 또는 차별화에 나서는 경우가 적지 않다. 이처럼 학교 간 연대와
협력이 이루어지지 않을 때, 한 학교의 긍정적인 변화가 지역사회를
분리하는 부정적 결과를 초래하기도 한다.Davis, 2000

학교자율운영 1.0을 실행한 지 이십여 년이 흐른 지금에 와서 가장
주목할 만한 한국 사회와 한국 교육의 현상은 불평등이 심화하는 격
차 사회가 만들어지고 있다는 사실이다. '개천에서 용 난다'는 말이
더 이상 통용되지 않는 데에서 짐작할 수 있는 것처럼 근래 사회의 계
층 구조가 고착화하면서 사회적 이동성에 관한 비관적 견해가 급속히
확산하고 있다. [그림 Ⅱ-6]은 자녀 세대의 사회적 지위의 상향 이동
가능성에 관한 인식 조사 결과다. 지난 20년 사이에 자녀 세대의 사회
적 지위가 상승할 것이라는 낙관적 견해는 절반으로 준 반면, 비관적
견해는 열 배가 늘었다.

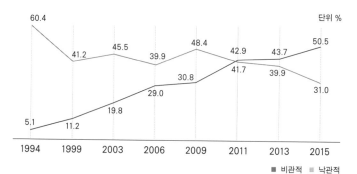

* "우리 사회에서 현재의 본인 세대에 비해 다음 세대인 자식 세대의 사회경제적 지위가 높아
  질 가능성은 어느 정도라고 생각하십니까?"에 대한 응답률
* 비관적 견해: 매우 낮다+비교적 낮다/낙관적 견해: 매우 높다+비교적 높다
* 통계청, 사회조사, 각 연도.

[그림 Ⅱ-6] 자녀 세대 사회경제적 지위의 상향 이동에 대한 기대의 변화

이처럼 격차 사회가 형성되고 불평등이 심화한 것이 학교자율운영 1.0이 전적으로 초래한 결과라고 할 수는 없을 것이다. 그렇지만 학교 자율운영 과정에서 다양화라는 이름으로 평등주의적 학교 체제를 지속적으로 해체하고 학교자율운영을 사회적 폐쇄 기제로 활용해 온 일과 교육 불평등 심화가 상당히 관련이 있다는 사실은 부정할 수 없다.

| 제3장 |

학교자율운영 2.0의
방향과 모형

학교자율운영 1.0은 학교 또는 교사들의 불활성 현상에 관한 나름대로의 처방이었다. 이 학교 변화 모형은 교사들의 지대 추구 행태를 문제의 원인으로 파악하고, 이를 바로잡기 위하여 신공공관리적 정책을 제안하였다. 그런데 학교 불활성의 원인은 교사 등 인적 요인 외에 학교에서 이루어지는 일과 학교 조직의 특성, 학교 밖 사회의 영향 등 복합적 차원에서 존재한다. 이처럼 다양한 요인을 중심으로 학교운영의 현실을 검토할 때, 학교자율운영 1.0 접근의 한계와 문제 원인을 규명할 수 있다. 이 장에서는 학교자율운영 1.0 모형의 내적 원인과 외적 원인을 검토한다. 그리고 이런 분석 위에서 새로운 학교자율운영, 즉 학교자율운영 2.0의 방향과 모형을 제안한다. 학교자율운영 2.0은 교육공동체를 지향하며, 전문적 학습공동체를 통한 교사들의 역량 배양, 공산적 학교운영을 지탱하는 민주주의와 참여, 책무성을 넘어선 책임, 또 지역을 배경으로 한 학교 간 네트워킹에서의 개방과 공유 협력을 강조한다.

1.
학교 불활성 문제의 구조

　학교개혁은 모종의 불만 또는 불안에서 촉발된다. 1995년의 교육개혁 역시 교육에 관한 불만에서 비롯한 것이었다. 근래 여러 교육청에서 학교자율운영을 새삼스레 제창하고 있는데, 학교혁신이 더디다거나, 기대만큼 광범하지 않다는 문제 인식이 그 배경에 존재하는 것으로 보인다.^{이하 이 절은 김용·류현진·이준범, 2017: 12~19를 부분적으로 수정함} "학교가, 그리고 교사들이 잘 움직이지 않는다"는 문제의식, 즉 학교 불활성不活性에 관한 문제 인식은 여전하다. 교사들이 "시키는 일만 한다"거나 "시키는 일을 형식적으로만 한다"는 등의 비판적 인식이 여전히 학교자율운영 담론의 배경을 구성하고 있다. 다만, 근래 제기되는 학교자율운영 담론에는 학교의 불활성 외에 활성화, 또는 변화의 방향에 관한 문제제기가 더해진 것으로 보인다. 즉, 학교와 교사들이 활성화되어 있지 않다는 사실을 지적하기도 하지만, 계속 움직이고 있는 학교나 교사의 경우에도 변화의 방향을 재고해야 한다는 요청이 더해진 것이다. 다시 말하면, 학교와 교사를 어떻게 활성화할 것인가, 어떤 방향으로 변화할 것인가라는 문제에 직면해 있는 것이다.

공공선택론에 입각한 학교자율운영 1.0 모형은 학교 조직의 불활성 문제의 원인을 교사의 개인적 속성에서 찾았다. 교사 한 사람 한 사람의 기회주의적 성향, 즉 학생 돌봄과 교육에는 그다지 관심이 없고 교사 자신의 편의만을 쫓는 성향 탓에 학교교육에 변화가 일어나지 않는다고 보았다. 그런데 설령 교사에게 지대 추구 성향이 존재한다손 치더라도, 이 성향은 태생적으로 내재하는 것인가, 아니면 어떤 조건에서 생성된 것인가라는 문제를 제기할 수 있다. 이 질문은 교사의 개인 내적 원인 외에 외적 요인, 예를 들면 학교 조직 내적 요인, 더 나아가 학교 조직 외적 요인이 기회주의적 성향 발현에 영향을 끼칠 가능성은 없는가라는 문제로 확장될 수도 있다.

학교자율운영 2.0 모형은 교사들이 자율적이지도 창의적이지도 않고, 변화를 도모하려는 시도를 적극적으로 하지 않는 이유를 교사의 개인 내적 성향에서만 찾지는 않는다. 물론 교사 내적인 원인도 존재하지만, 교사들이 일을 하는 상황(과업 여건)과 학교 조직의 상황(조직 여건), 그리고 학교 밖 교육 및 사회 체제의 상황(체제 여건)이 교사의 자율과 창의를 가로막고 있다고 본다.

과업 여건

누구나 어떤 일을 자신이 자유롭게 기획하고 실행할 수 있으면, 그는 높은 자율성과 창의성을 경험하며, 이런 역량을 계속 발전시킬 수 있다. 물론 그 반대의 경우도 나타난다. 대개 교사들은 과업을 수행할 때 자율성을 충분히 누리지 못한다. '교사 자율성이 넓지 않다'는 말은 사실의 영역과 인식의 영역 모두에 해당하며, 공식적 규제와 비공식적 규제 모두에 관련된다. 예를 들어, 국가교육과정 또는 교육과정 관련 각종 지침은 교사들의 수업을 사실 영역에서 공식적으로 규제한다. 창의적 체험활동은 시켜서 하는 체험활동이라는 뜻의 '창체는 시체'라는 자조적인 말은 창의적 체험활동에서 다루어야 하는 정부 지침이 과다하다는 사실을 비꼬는 말이다. 한 연구^{서울특별시 교육연구정보원 교} _{육정책연구소, 2016: 3~8}에 따르면, 법적 근거를 가진 범교과 학습 시간만도 엄청나서, 초등학교의 경우 법적으로 요구되는 범교과 학습 활동을 진행하려면 창의적 체험활동 시간의 86%를 할애해야 한다. 중학교의 경우는 창의적 체험활동 시간의 101%에 이르는 범교과 학습을 법적으로 요구받고 있으며, 고등학교는 76% 이상의 시간을 투입하여야 법적 의무를 충족할 수 있다. 한편, 학교장의 지나치게 안정 지향적이고 보수적인 학교운영이나 교육과정 재구성을 수용하지 못하는 학부모들의 압력은 인식 영역에서 비공식적으로 교사들의 수업 실천을 규제한다. 더 나아가 교육 내용을 규제하는 입법, 예를 들어 「인성교육법」이나 「진로교육법」 등이 계속 등장하고 있으며, 교사들의 수업에 직접 영향을 끼치는 법률, 대표적으로 「공교육정상화법」이 제도화되었다. 학교폭력 관련 법률이 제정되면서 교사들의 학생 생활지도 방식이 규제 대상이 되고 있다. 교육 활동의 법화_{法化}로 교사 자율성의 여지가 축소 일로에 있다._{김용, 2017a}

과업 수행 과정에서 자율을 누리지 못하면 자연스레 무책임 구조가 형성된다. 누구나 자신이 자유롭게 행위를 할 수 있을 때에만 자신의 행위에 책임을 진다. 자신이 스스로 결정하여 한 일에만 비난을 감수할 수 있고, 칭찬받아 마땅하다고 생각할 수도 있다._{김태훈, 2014} '시체 시간이 되어 버린 창체 시간'에 책임감을 가질 교사는 많지 않다. 수업의 내용뿐만 아니라 속도와 순서 같은 방식마저 통제하는 과잉 입법이 교실에 침투할 때, 교사는 자신의 수업에서 책임감을 잃어버리게 된다.김용, 2017b 학생 지도에 관한 법률의 규율 밀도가 심화하면 심화할수록 교사들이 법률 뒤로 숨어들어 책임에서 벗어나려고 하는 경향은 커지기 마련이다.김용, 2017a

몰입의 방해물이 많다는 사실도 교사들의 학교에서의 생활을 이해하는 데 중요하다. 몰입은 가장 높은 수준의 동기를 유발한다. 교사들은 수업을 준비하는 과정에서 몰입을 경험하며, 그 수업이 잘 진행되어 학생들의 성장을 경험할 때 높은 수준의 심리적 만족감과 자기 효능감을 경험하며 동기화한다.Lortie, 1975 그런데 학교에는 교사들의 몰입을 방해하는 요인들이 너무 많다. '잡무'라고 부르는 일이 대표적이다. 자신이 수업하는 사람인지 공문 작성하는 사람인지 모르겠다는 푸념은 새로운 학교자율운영 체제를 구축하는 데 매우 중요한 의미를 지닌다. 교사들이 고립적으로 노력하여 점수를 쌓아 가는 방식으로 학교 조직에서 승진하게 되는 체제 역시 몰입을 저해한다.

교사가 어떤 활동을 자유롭게 기획하고 실행할 수 있는 여지가 축소되고, 결과적으로 무책임으로의 도피가 용인되며, 몰입을 방해하는 요인들 속에서 교사는 대개 정해진 일을 건성건성 해치우게 된다. 이런 상황에서 교사는 자신의 권위를 세울 수 없다.

권위authority는 '저자author'를 그 핵심으로 하고 있다. 권위는 자기 자신의 말, 행동, 삶 등의 저자(주인)가 되는 사람에게서 나

오는 것이다. 마음에 들지 않는 일을 주어진 각본에 따라 건성건성 해치우는 사람에게서는 도저히 권위가 나올 수 없다. 교사가 법의 강제적인 힘이나 테크닉에 의존한다면, 그는 권위를 잃게 될 것이다.Palmer, 1998

조직 여건

학교의 조직 구조나 여건과 같은 요인 역시 교사와 학교의 불활성에 영향을 끼친다. 다음 세 가지 점을 중심으로 교사의 자율과 창의를 저해하는 학교 조직의 현상을 살펴본다.

학교는 느슨한 결합loose coupling 조직이다. 본디 '느슨한 결합'은 전문적인 일을 자율적으로 수행하는 사람들이 모인 조직에 적합한 조직 형태다. 느슨한 결합 안에서 구성원들은 자유롭게 자신의 과업을 수행한다. 그러나 느슨한 결합이 항상 선한 것은 아니다. 느슨한 결합 안에서 교사들이 고립적으로 나 홀로 편의만을 추구할 수도 있다. 사실 2000년대 초 부적격 교사 문제나 교원평가 관련 논란이 한창일 때, 다수 시민이 정부 정책을 지지했는데, 느슨한 결합의 부정적 현상이 만연한 데 대한 시민들의 불만이 그 배경에 자리하였다. 교사들이 연대와 협력하지 않고 자신의 편의만을 추구할 때 자율이 살아나지도, 창의가 솟구치지도 않는다. 교사들 사이의 장벽과 교과마다 높게 세워진 장벽이 학교개혁의 가장 큰 걸림돌이다.佐藤学, 1999 이 문제는 뿌리가 깊고 복합적 원인에서 비롯하여 복합적 결과를 산출한다.

고립과 격리는 그 뿌리가 매우 깊은 문제이다. 학교의 건축 구조가 그 문제를 강화한다. 학교의 시간표는 그 문제를 더 심화한다. 교사의 업무 과중은 이 문제를 지속시킨다. 그리고 역사와 전통이 그것을 합리화한다. 이렇듯 만연하고 있는 고립과 나홀로주의는 안전 위주의 편리함만 찾는 수업 방식에 지나지 않으며, 학생들의 학업성취가 낮아지도록 한다.Fullan and Hargreaves, 1996

학교에 참여 구조가 미흡하다는 사실도 중요하다. 자신의 목소리 voice를 자유롭게 낼 수 없는 조직이나 일을, 내 조직이나 내 일로 여기는 사람은 없다. 의사결정 권한이 누군가에게 독점되어 있고, 의사소통이 원활하지 않은 조직에서 책임과 헌신을 구하는 일은 연목구어 緣木求魚와 같다. 여러 사람의 참여가 이루어지지 않을 때 의사결정의 질이 높을 수도 없다. 교육은 공산적共産的 활동이다.藤田英典, 2007 수업이 교사의 일방적 활동이 아니라 교사가 학생과 함께 만들어 가야 하는 일인 것처럼, 학교운영은 교장 단독의 활동이 아니다. 교사와 직원, 학생과 학부모, 나아가 주민들 모두의 힘을 모아야만 가능한 일이다. 누구나 이런 말을 하지만, 이런 일이 현실에서 자주 나타나는 것은 아니다.

마지막으로, 학교가 자기 충족적 조직이 아니라는 사실에 주의를 환기해야 한다. 학교 자체적으로 모든 교육 요구를 충족할 수 있는 경우는 매우 드물다. 교장이 학교를 멋지게 운영하고 싶은 의지가 있어도, 또 교사들이 매력적인 교육 프로그램을 실행하고 싶은 열정이 넘쳐도 개별 학교의 빈약한 자원 앞에서 쉬이 좌절하는 경우가 많다. 적절한 사람을 찾기 어렵거나, 시설이 미비하거나, 돈이 부족하거나 하는 등의 문제는 열정을 가로막는 항상의 조건이다. 수준별 수업이나 자유학기제 운영 등 학교의 여건이 불비하여 본래의 취지를 구현하지 못하는 사례는 부지기수다. 저출생의 여파로 과소 규모화하는 학교가 급증하는 상황에서 학교의 자기 충족성 문제는 매우 심각한 문제가 되고 있다.

체제 여건

학교 밖의 교육 체제도 학교자율운영의 현실에 영향을 끼친다. 호주에서 성공적이었던 자율경영학교가 영국에서 제도화되었을 때, 그 결과는 완전히 기대 밖이었다. 당시 호주의 자율경영학교는 지역 안에 고등학교가 한 개 존재하던 상황에서 운영되었다. 학교가 경쟁에 휘말리지 않고, 말 그대로의 '전인교육'을 실천하기 쉬운 조건에 있었다. 반면, 영국의 자율경영학교는 학생 선택과 경쟁이 제도화한 시장 상황에서 운영되었다. 영국의 자율경영학교는 학교 서열화 체제에서 윗자리를 차지하기 위한 방편으로 운영되었다.Walford, 1993 한국의 상황도 마찬가지다. 교육 규제 완화는 곧잘 좁은 의미의 학력 경쟁을 위한 수단으로 활용되며, 서열화한 학교 체제에서 상위에 위치한 학교들은 학교자율운영을 사회적 폐쇄를 강화하는 기제로 활용한다.

교육부와 교육청이 하는 일과 일하는 방식도 학교자율운영을 저해하는 경우가 많다. 가시적인 일을 하지 않으면 복지부동한다는 비판을 받을까 두려워하는 관료들은 끊임없이 일을 만들어 낸다. 여러 가지 사회문제에 대한 대응책을 교육 부처에 요구하는 목소리가 높고, 이런 상황에서 새로운 일을 기획하게 되는 경우도 있다. 어떤 경우든 학교로 많은 정책적 요구가 전달되고, 이런 일은 학교의 리듬을 깬다. 비워야 채울 수 있다. 지금까지 쌓인 불필요한 사업과 관행을 전면적으로 검토하여 학교를 가볍게 해 줄 때다.

이와 함께, 교육부나 교육청이 일을 하는 방식이 학교자율운영을 해치는 경우도 적지 않다.김용·김혁동·송경오·정바울, 2015 교육부와 교육청은 개별 학교가 사업을 기획하여 공모에 응하면, 교육행정기관이 이를 평가하여 선택하는 공모 방식을 즐겨 활용한다. 학교별 공모 방식이 일반화하면 학교 간 연대와 협력은 어려워진다. 기존 학교평가 방식도 마찬가지로 검토할 수 있다. 평가자가 평가 지표를 개발하여 전달하면, 학교가 그 지표에 맞추어 교육 성과를 정리하고, 외부의 평가자들이 학교의 자체 평가 결과를 확인하는 방식으로 학교평가가 이루어졌다. 이와 같은 방식의 평가에서 학교 구성원 사이의 대화는 이루어지지 않는다. 평가 담당자의 문서 작업만이 이루어질 뿐이다. 한 학교에 대한 평가가 다른 학교의 개선에 아무런 영향을 끼치지도 못하는 것은 말할 필요도 없다.

이른바 진보 교육감 지역과 보수 교육감 지역 또는 기존 교육부의 교육행정 양식에 차이가 잘 나타나지 않는다. 이는 차분히 검토할 문제지만, 일의 내용은 바뀌었을지언정 일을 하는 방식에는 그다지 차이가 보이지 않는다. 즉 공모사업 주제가 변하고, 학교평가 지표는 바뀌었지만, 일하는 방식은 크게 달라지지 않은 것으로 보인다. 예를 들면, 일부 시·도 교육청에서 교사 학습공동체 사업을 추진하면서, 이 사업을 활성화하기 위하여 학습공동체 목표를 세우고(올해 몇 개 학교에 공동체 조직과 같은 식으로) 학교평가 지표에 공동체 활동을 포함하였다. 평가를 받기 위하여 일정한 형식에 맞추어 돈을 쓰고 서류를 작성해야 함은 말할 것도 없다. 본래 학습공동체를 실속 있게 운영해 오던 학교에서 형식성의 요구를 버거워하여 공동체 활동을 그만두기도 한다. 반면, 서류 꾸미기에 능숙한 교사와 학교는 기가 막히게 공동체를 조직하여 운영하고 서류를 준비한다. 교육부든, 진보 교육감 지역의 교육청이든 성과주의적 운영 과정에서 관리 비법managerial mystique이 나타나게 되기 쉽다. 다시 말하여, 성과 목표를 세우거나, 그 목표를 달성하기 위한 계획을 수립하거나, 성과 평가 결과에 따른 처리를 하기만 하면 곧 성과가 높아질 것이라는 착각에 빠져버리는 것이다. 교사 학습공동체를 잘 운영한다는 본래의 목적은 뒷전으로 밀리고, 교육청 문서에 기대된 공동체의 숫자가 공동체의 활성화 수준을 대체한다.

관리 비법이 학교에 들어온 결과, 올바른 일을 하는 것do right thing은 뒷전으로 밀리고 일을 올바르게 하는 것do thing right이 우선 강조된다. 학교를 개선하고자 하는 계획이 이미 학교가 개선된 징표로 활용되며, 교사평가 결과 높은 점수는 그가 좋은 교사임을 입증하는 자료와 동일시된다. 또 교사가 취득한 연수 점수는 그가 다양하고 적절한 방식으로 학생을 지도할 수 있음을 의미하는 것으로 받아들여진다.Sergiovanni, 1992: 3~4

관리 비법이 일상화되면 훈련된 무기력trained incapacity과 목표 전도goal displacement가 나타난다.Sergiovanni, 1992: 4

인적 요건

학교자율운영 1.0은 교사 개개인의 지대 추구적 행태를 학교 불활성의 원인으로 보았다. 교사들의 행태가 문제의 모든 원인은 아니지만, 교사(학교장을 포함한다) 개개인의 내적 문제가 원인의 일부인 것은 사실이다. 이 부분에서는 학교의 인적 요소들의 문제를 검토한다.

첫째, 학습된 무기력trained incapacity 상태에 빠진 교사들이 적지 않다. 오랫동안 교과서를 교육과정으로 이해하여 수업하고, 수업을 포함한 자신의 일에서 자율을 누리지 못하는 상황에서 시키는 대로, 시키는 일만 해 버릇한 사람들은 막상 자율적으로 일을 할 수 있는 상황이 되어도, 해 오던 대로만 일을 하게 된다. 학습된 무기력 상태에 빠진 개인과 조직은 창의가 아니라 관행이 지배한다. '해 오던 대로' 하는 편이 안전하고, 변화하고 싶어도 해 오던 대로 할 수밖에 없기 때문에 교사의 일과 학교운영은 시간이 지나도 큰 변화가 없다.

둘째, 지대 추구적 행태를 보이는 교사와 학교장의 존재를 인정할 수밖에 없다. 자신의 일에 성실하며 학생을 향하여 헌신하는 교사가 존재한다면, 그들이 모인 학교는 자율적으로 운영될 것이다. 그러나 그렇지 않은 교사와 학교장이 존재하는 것이 현실이다. 그런데 이들의 존재를 인정하는 경우에도, 교육정책이나 교육행정 체제 전체를 이들 교사를 겨냥한 것으로 설계할 것인가, 아니면 다소간 미흡하더라도 지대 추구적 행위를 하는 교사에게만 불이익을 주는 방안을 강구할 것인가는 검토할 필요가 있다. 현재 시행되고 있는 교원평가제는 사실상 잘하는 교사를 격려하기보다는 잘 못하는 교사에게 수치심을 느끼도록 하는 데 현실적 의의가 있다. 학교에서 이루어지는 감사와 장학은 사실상 모든 교사를 잠재적 규정 위반자로 간주하고 그 사실을 확인하는 활동이 되고 있다. 이런 방식은 교사 집단 전체를 위축시킨다. 오히려, 교사교육이나 입직 초기에 금지되는 일을 명확히 전달하고, 규정 위반 행위를 한 교사가 발견되는 경우 사후적으로 엄벌하여 일벌백계하는 방안이 더 바람직할 수도 있다.

셋째, 학교장의 문제를 지적하지 않을 수 없다. 학교장은 제1의 변화 촉진자change agent여야 마땅하지만, 학교장을 변화의 걸림돌로 지목하는 교사들이 적지 않은 것이 현실이다. 전통적이고 보수적인 리더십으로 위험을 감수하며 변화 지향적이기보다는 관행 추수적인 행태를 보이는 학교장이 없지 않다. 교장직을 '봉사'가 아니라 '보상'으로 여기는 경우도 있다. 학교장 역할에 대한 재검토가 필요한 시기다. 근래 교장 공모제를 확대할 것인가, 선출 보직제를 시행할 것인가와 같이 새로운 교장 임용 제도에 관한 논의가 활발하지만, 교장 임용 방식을 바꾸기 이전에 교장의 역할과 과업을 새롭게 정의하는 일이 우선이다. 일본이나 미국, 호주와 같은 국가들에서는 교장이 되려는 사람들이 부족하여 교장을 확보하는 일이 교육정책의 중요한 과제가 되고 있다. 교장의 책임이 막중하고 과업이 과중하기 때문이다. 교장으로 승진하기 위한 경쟁이 치열한 것은 한국의 독특한 현상이다. 현재 교장의 역할과 과업에 대한 재설계가 필요하다.

이상의 내용을 요약하면 [그림 Ⅲ-1]과 같다.

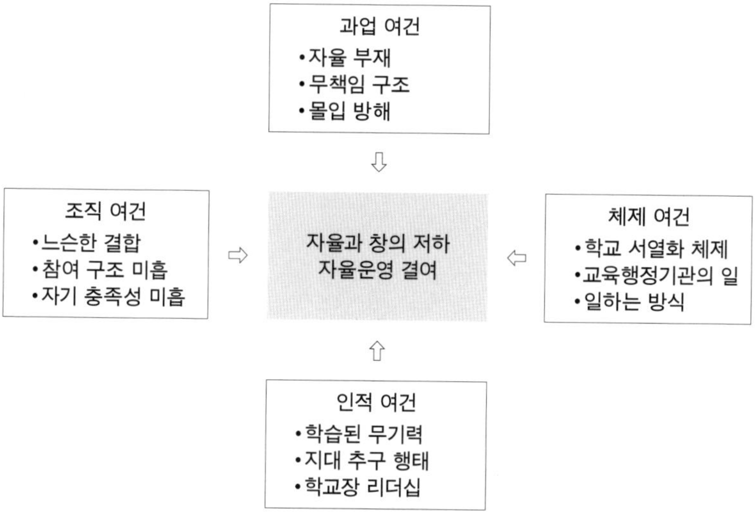

```
                    ┌─────────────────┐
                    │    과업 여건      │
                    │ • 자율 부재       │
                    │ • 무책임 구조     │
                    │ • 몰입 방해       │
                    └─────────────────┘
                            ⇩
┌─────────────────┐   ┌─────────────────┐   ┌─────────────────┐
│    조직 여건      │   │  자율과 창의 저하  │   │    체제 여건      │
│ • 느슨한 결합     │ ⇨ │  자율운영 결여    │ ⇦ │ • 학교 서열화 체제 │
│ • 참여 구조 미흡  │   │                 │   │ • 교육행정기관의 일 │
│ • 자기 충족성 미흡 │   └─────────────────┘   │ • 일하는 방식      │
└─────────────────┘                        └─────────────────┘
                            ⇧
                    ┌─────────────────┐
                    │    인적 여건      │
                    │ • 학습된 무기력    │
                    │ • 지대 추구 행태   │
                    │ • 학교장 리더십    │
                    └─────────────────┘
```

[그림 Ⅲ-1] 학교자율운영의 저해 구조

2.
학교자율운영 1.0 접근의
문제 원인

학교 불활성의 원인을 앞에서와 같이 복합적으로 파악하면, 공공선택론에 입각한 학교자율운영 1.0 접근의 문제가 명확해진다. 문제의 원인은 학교와 교사 변화 모형에 내재한 것일 수도 있고 모형 바깥에 있을 수도 있다.이 절은 김용·김혁동·송경오·정바울, 2015: 100~104를 부분적으로 수정함

내재적 원인

학교자율운영 1.0 접근은 다음과 같은 세 가지 점에서 문제를 내재하고 있었다.

첫째, 학교자율운영 1.0은 인간, 더 구체적으로는 교사에 대한 일면적 견해에 근거하여 수립된 학교 변화 접근법이다. 신자유주의 교육개혁은 교사에 대한 불신, 구체적으로는 교사는 스스로의 활동을 개선하기 위한 내적 동기를 결여하고 있다는 인식의 토대 위에서 책무성 정책과 성과급과 같은 것으로 외적 동기를 자극하고, 그것이 내적 동기를 추동할 수 있을 것이라는 기대를 내장하고 있었다. 그런데 평가와 성과급은 교사들의 동기를 자극하지는 못했다. 오히려 교

사들은 책무성 정책을 통해 소진과 회의, 교육행정에 대한 불신을 경험하였다.[이윤미·손지희, 2010; 호사라·전재현, 2006; 허경일, 2013] 불신에 입각한 정책은 역설적 결과를 산출한다. 신뢰라는 사회적 자본은 사용하면 할수록 줄어들기보다는 오히려 늘어나며, 사용하지 않으면 고갈되어 버린다.[Putnam, 1993] 신뢰가 더 많은 신뢰를 만들어 내는 선순환 구조를 형성한다면, 불신은 더 많은 불신을 낳는 악순환 구조를 만들어 낸다.[Olssen, Codd and O'Neill, 2004] 또, 학교자율운영이 성과주의와 결합되면서 문제가 발생하기도 하였다. 교사들에게 활동 성과를 보여 줄 것을 요구하고, 가시적으로 확인하고 싶은 것은 인지상정일 수 있지만, 성과 압박에 시달릴수록 교사들이 제대로 된 성과를 낼 가능성은 줄어드는 역설이 발생한다.[Deci and Flaste, 1995] 신자유주의 교육개혁은 교사들의 '마음의 작동법'을 알지 못한다. 결과적으로, 신자유주의 개혁에 내장된 동기 추동 기제는 실제로 작동하지 않았다. 학교자율운영이 교사들에게 많은 선한 변화를 약속하였음에도 불구하고, 교사들이 이 정책에 대하여 긍정적으로 호응하지 않는 것은 교사들이 불신의 논리를 간파했거나 체감했기 때문일지도 모른다.

둘째, 학교자율운영 1.0은 학교 조직의 성격에 대한 이해가 충분하지 못하였다. 학교자율운영을 중심으로 하는 신자유주의 개혁은 학교를 느슨한 결합 조직에서 단단한 결합 조직으로 변화시키려는 시도였다. 또 학교를 공리조직으로 변모시켜 나갔다.[김용, 2012] 이런 기도는 느슨한 결합 조직으로서의 학교에 문제가 심각하다는 인식에 기인한 것이었다. 학교교육은 분명한 목표를 달성하는 데 실패하는 것처럼 보였고, 교사들의 고립과 동반 혁신의 지체, 부적격 교원의 잔존 등이 문제로 제기되었다. 이런 배경에서 학교자율운영이 전국학업성취도평가, 교원평가, 교원성과급제도, 교육정보공개와 같은 신자유주의 교육개혁 패키지로 실천되었다. 교육 목표와 활동, 성과를 단단하게 결합하는 신자유주의 교육개혁은 논리적으로는 그럴듯하였으나, 학교가 단단한 결합 조직으로 변화하면서 교사들의 자율성과 전문성을 심각하게 약화시켰다. 또, 신자유주의 개혁은 금전적 유인을 매개로 학교를 공리조직으로 만들었다. 그러나 공리조직이 작동할 만큼 충분한 금전적 보상이 주어졌던 것도 아니며, 설령 교사에 대한 금전적 유인이 충분했다 할지라도 교사들에게 높은 수준의 동기가 유발될 가능성은 없었다. 인간의 동기에 관한 선행 연구Herzberg, 1966에 따르면, 금전은 일정 수준만큼 가지고 있지 않을 때에는 불만의 원인이 되지만, 많으면 많을수록 만족감을 주는 것은 아니다. 이런 점에서, 학교는 사이비 공리조직으로 변했을 뿐이다. 그런데 여기서 심각하게 살펴야 할 사실이 있다. 과거에 이상적인 학교는 교장의 리더십과 교사의 헌신이 결합된 규범조직으로 묘사되었다. 그러나 학교가 공리조직화하면 교사의 헌신을 기대하기는 점점 어려워진다. 학교를 변화시키고 자율적으로 운영하고자 하면, 교사들의 높은 수준의 헌신이 필수 조건이 된다. 공리조직에서는 이 조건을 창출할 수 없다.

셋째, 개별 학교를 넘어서는 넓은 시각에서 학교자율운영을 바라보는 안목이 부족했던 것이 문제의 원인이었다. 학교자율운영 1.0은 규제를 완화하여 개별 학교의 변화를 촉진하고자 하였다. 그러나 어느 학교에서 교사 초빙제도를 활용하여 이웃 학교들의 우수한 교사를 유치하면, 그 학교에는 좋은 변화가 만들어질 수는 있으나, 이웃 학교는 황폐화할 가능성이 높아진다. 미국의 협약학교Charter School 사례는 이를 잘 실증한다.^{김영화, 2009} 협약학교 자체는 좋은 변화를 이끌어 냈을지 언정, 그 주변 학교들의 황폐화라는 대가를 치러야 했다. 또 모든 정책이 그렇듯이, 학교자율운영은 다른 정책과 연동되면서 효과를 발생시킨다. 앞에서 지적한 것처럼 학교자율운영은 신자유주의 교육개혁 패키지로 제시되어 다른 정책들과 함께 복합 효과를 산출하였다. 아울러, 자율운영학교의 목적이 불분명했다는 점을 앞에서 지적한 일이 있는데, 이는 자율운영학교가 외부의 요구에 부응할 수 있는 탄력성을 갖추고 있다는 의미이기도 하다. 그러므로 환경의 요구에 따라 자율운영학교는 전체 교육 생태계에 해악을 끼칠 가능성도 없지 않았다. 그런데 한국의 학교자율운영 논의와 실천에서는 학교자율운영에 관한 사회학적 시각과 논의가 부족하였다.

외재적 원인

학교자율운영의 논리와 접근 외부의 요인들, 특히 정책 환경 요인들은 정책의 원만한 집행을 제약하였다.

첫째, 상급 학교 진학을 둘러싼 경쟁 구조와 입시교육 압력은 교사들의 자율적 실천과 학교의 변화를 옥죄는 요인이 되었다. 교육과정 재구성이나 새로운 평가 방식 실험은 입시를 앞둔 학생들에게는 감히 실천하기 어려운 것이었다. 고등학교에 비하여 초등학교에서 학교혁신의 모범이 더 많이 만들어지고 있는 것은 입시 구조에서 상대적으로 멀리 떨어져 있기 때문이다. 또 입시에서 좋은 결과를 기대하는 학부모들의 압력 역시 학교에 상당한 부담으로 작용하며, 학교가 자율운영을 입시 맞춤형으로 활용하도록 유도하였다.

둘째, 학교에는 변화를 요구하면서도 교육행정기관을 포함하여 다른 국가 기관의 변화는 매우 더뎠다. 학교자율운영 초기에 중앙과 지방 수준의 교육행정기관은 학교를 지원하는 기관으로서 역할을 재정립하겠다고 하였으나, 현실은 달랐다. 중앙교육행정기관은 여전히 학교의 자율적 활동을 지원하기보다는 저해하였으며, 특히 이명박 정부 이후 교육부의 권위주의적 행태는 심각한 수준에 이르렀다. 또한 국회나 시·도의회는 여전히 학교 위에 군림하면서 학교운영의 리듬을 깨뜨리고 있다. 일부 교육청에서 학교혁신을 지원하기 위하여 교육청 일의 내용과 방식을 바꾸기 위하여 노력하고 있으나 학교의 자율운영을 효과적으로 지원하는 수준에는 이르지 못하고 있다.

셋째, 지난 이십여 년 동안 지속되고, 특히 이명박 정부 이후 심화한 신자유주의 교육정책은 학교의 자율적 변화를 가로막고 있다. 공고해진 학교 서열화 체제에서 학교는 더 상위에 포진할 수 있도록 학교자율운영을 활용하고 있을 뿐이다. 이 사이 학교자율운영을 통해 달성하고자 하였던 행복한 학교와 전인교육은 계속 멀어져 가고 있다. 또 책무성 정책 아래서 교사들은 탈전문화와 정서적 소진을 겪고 있다.

이처럼 학교 밖의 정책 환경에 문제의 원인이 있지만, 학교 구성원들에게서도 중요한 원인을 찾을 수 있다. 변화에 관련된 모든 구성원들의 완전한 참여가 변화에 필수적이라는[Miles, 1998] 오래된 교훈을 상기하면, 학교 외부가 아니라 내부의 구성원들을 들여다볼 필요가 있다.

많은 교사들이 변화를 바라지만, 모든 교사들이 변화를 일으키고 수용할 준비가 되어 있는 것은 아니다. 자연스러운 변화가 없지는 않지만, 변화 촉진자change agent가 있을 때 변화는 더 빠르고 강하게 일어날 수 있다. 그러나 변화 촉진자 교사를 기르고 지원하기 위한 정책이 충분하지 않았으며, 일부 교육청에서 이 점에 주목하여 몇 가지 정책을 시행하였으나, 여러 학교에 변화 흐름을 형성할 만큼은 아니었다고 평가할 수 있다.

한편, 학교자율운영 1.0은 교사들을 신뢰하고 교사들의 역량을 배양하여 학교 변화를 유발하려 한 것이 아니라 교사에 대한 불신에 근거하고 규제 완화 방식으로 변화를 꾀하고자 하였다. 이런 점에서 학교자율운영 1.0은 또 하나의 교사 배제teacher-proof 변화 전략이었다고도 평가할 수 있다. 평가와 성과급이 교사들의 수업을 변화시키고 사기를 높일 것이라는 인식은 허구이다. 교사들에게 수업 연구와 협의, 서로의 의견을 나눌 수 있는 밀도 있는 교사 연수 프로그램 등이 제공될 때, 교사들은 자신의 실천을 개선할 수 있다.류방란, 2005: 305 그러나 교사에 대한 충분한 지원은 이루어지지 않았고, '일거리가 되어 버린' 각종 개혁 정책들이 교사들의 어깨를 무겁게 할 뿐이었다.

교장의 문제도 지적하지 않을 수 없다. 학교자율운영은 학교장뿐만 아니라 교사와 학생, 학부모 모두가 일정하게 권한을 행사하며 참여할 수 있을 때 가능한 것이다. 이를 위하여 교사회나 학생회와 같은 제도적 장치를 갖추는 일도 필요하지만, 무엇보다 선행되어야 하는 것은 학교장의 리더십이 변화하는 것이다. 교장은 관료제적 권위나 심리 기술에 의존하는 리더십을 탈피하여 학교 구성원을 섬기며 구성원들에게 적절하게 권한을 분산하면서 구성원들이 주인의식을 가지고 참여할 수 있도록 협응적 리더십distributed leadership을 행사해야 한다. 더 나아가 학교자율운영을 실천하고자 하면, 교사 한 사람 한 사람이 일에 몰입할 수 있는 조건을 만들고, 교사들 사이에 전문직업적 덕으로서의 동료의식과 학교의 공동체 규범을 확립하는 등 리더십 대체제leadership substitute를 만드는 것이 교장의 중요한 과업이 되어야 했다.Sergiovanni, 1991 그러나 이 점에서 부족함이 많았다.

3.
학교자율운영 2.0의 방향

학교자율운영 1.0을 지양하는 새로운 학교자율운영은 다음과 같은 방향을 취한다.이 절은 김용·김혁동·송경오·정바울, 2015: 104~107을 부분적으로 수정함

첫째, 학교자율운영의 목표를 분명히 한다. 학교자율운영 2.0은 학교를 말단 행정기관이 아니라 교육조직이자 학습조직, 더 나아가 공동체로 만들고자 하는 것이다. 새로운 학교는 '활력이 넘치는 교육공동체'로서의 면모를 갖추어야 한다.진동섭·김병찬, 2004 새로운 학교에서는 교장과 교감, 교사가 전문적 협력 관계를 형성하고, 학생뿐만 아니라 구성원 모두가 학습하고 지식을 생산한다. 교사와 학생뿐만 아니라 학부모와 지역사회 인사들이 책임을 공유하고 참여하는 공동체를 형성한다. 새로운 학교운영은 교육력, 즉 학생을 전인적으로 성장시키는 힘을 강화하는 일에 집중한다.

둘째, 교사의 전문적 자본을 배양하는 일이 학교 변화의 핵심이다. 교사 개인의 우수한 능력, 오랜 기간 동료들과 전문적 관계를 맺고 학교 외부의 지역사회와 함께 일하면서 개발하는 사회적 자본, 동료들과 함께 길러 가는 통찰과 의사결정 능력이 교사의 전문적 자본

professional capital을 구성한다.Hargreaves and Fullan, 2012 우수한 교사를 선발하는 일, 입직 이후에도 교사 개개인이 자신의 성장을 도모할 수 있도록 기회를 제공하는 일, 한 학교의 교사들이 비교적 오랜 기간 전문적이고 사회적인 관계를 형성하면서 동료성을 형성하고 전문적 학습공동체를 운영하는 일, 지역사회와 연계하면서 교사 개인은 물론 공동체 전체의 사회적 자본을 형성하는 일이 중요하다.

　교사들의 전문적 자본을 배양하는 일은 교사 개개인의 과업을 넘어 교사들 사이에, 나아가 학부모들과도 협력할 때 가능하다. 먼저, 교사들 사이에 동료성을 쌓아 서로 협력하며 배우는 일이 중요하다. 교사들이 교육 자료를 공유하고, 수업을 서로 공개하면서 배울 기회를 누릴 수 있어야 한다. 경험과 연륜이 있는 교사가 자신의 경험적 지식을 나누어 주고, 학교 밖의 새로운 교육 아이디어와 방법을 적절히 수용할 때 교사들의 대화에 활기가 돈다. 또, 교사와 학부모 간에 신뢰를 형성하여 학교의 교육적 취지에 공감하며 학교교육 활동에 임할 수 있어야 한다. 학부모들이 현장학습이나 체험활동 등을 일회적으로 도와주기보다는 학교의 교육 활동의 취지에 공감하고 교사들의 활동에 신뢰와 지지를 보내 주는 관계를 형성해야 한다. 이런 관계에서 교사는 배움을 지속하는 "학습하는 전문인learning professionals"Fullan & Hargreaves, 1996: 133이 될 수 있다.

　셋째, 교사들의 역량 배양을 중심으로 하고, 규제 완화는 교사들이 역량을 발휘할 수 있는 조건을 조성하는 차원에서 부차적으로 활용한다. 학교자율운영 1.0이 규제 완화를 중심으로 추진되었던 것과는 반대의 방향을 취한다. 학교자율운영은 본질적으로 교사들의 역량을 배양하는 일이 중심이 될 수밖에 없기 때문이며, 규제 완화는 지난 시기에 어느 정도 성과를 거두었기 때문이기도 하다. 여전히, 대학 입시 제도와 같은 규제가 강하게 남아 있지만, 이런 규제는 뒤에서 살필 학교 자율운영의 환경의 문제로 접근한다.

넷째, 교육은 공산적共産的 활동이다.藤田英典, 2007 교원의 과업은 포괄성과 종합성, 협동성을 주된 특징으로 하며, 교육은 교사의 일방적인 활동이 아니라 교사와 학생이 함께 만들어 가야 하는 일이다. 마찬가지로 학교운영은 교장 단독의 활동이 아니라 교장과 교사, 학생과 학부모가 함께 만들어 가는 일이다. 학교의 변화는 학교 단독으로 가능하지 않으며 지역사회와 더불어 이루어 가는 일이다. 이런 점에서 교육도 학교운영도 공산적 활동이다. 교육의 공산성은 학교 당사자들이 저마다 일정한 권한을 가지고 학교의 일에 참여할 수 있을 때 실현된다. 학교의 의사결정 구조와 일하는 방식을 변화시키고 학교장의 리더십을 개선하는 일이 긴요하다.

다섯째, 학교 간 네트워크를 구축하고 학교와 지역사회의 협력을 강화한다. 개방과 공유, 협력이 학교자율운영의 중요한 요소가 된다. 학교자율운영은 사회적 폐쇄의 기제가 아니라 지역사회를 배경으로 학교들 사이의, 또 학교와 지역의 동반 성장을 이루는 기제가 되어야 한다. 이를 위하여 첫째, 각자의 학교를 이웃 학교에, 나아가 지역에 개방해야 한다. 교실과 학교의 문이 열릴 때 협력이 가능해진다. 둘째, 공유의 심성과 제도를 발전시켜야 한다. 개별 학교의 자원만으로는 충분할 수 없다. 이웃 학교, 나아가 지역사회와 자원을 공유하며, 자신의 교육 실천을 외부자의 시각에서 점검할 수 있는 기회를 가져야 한다.

학교와 가정이 협력하고 지역사회의 지원을 얻을 때 학생의 변화가 가능하다. 이럴 때 진정한 협력이 이루어지며, 학교자율운영은 동반 성장과 동반 혁신의 기제로 작동할 수 있다.

이와 함께, 학교교육의 지역성에 관하여 언급해 두고 싶다. 학교교육의 지역성locality은 학교가 지역사회에 터하여, 지역의 구성원들과 동반자적 관계를 형성하면서 교육 활동을 전개하는 것이다. 교실과 학교라는 울타리를 넘어, 지역사회를 학습의 공간으로 삼는 것이다. 이렇게 될 때 삶을 '위해', 삶을 '통해', 삶에 '대해' 학습하는 일이 가능해진다.Hargreaves & Shirley, 2009 지역사회에 관심을 가지고 지역사회의 문제와 현안 해결 과정에 참여하는 과정에서 교사와 학생은 지역사회의 주체적 시민으로서 성장한다. 학교는 지역사회와 협력하고 공존할 때 탁월해질 수 있다.Hargreaves & Shirley, 2009

여섯째, 책무성보다 책임을 앞세운다. 기존의 책무성 체제는 교사들을 단기적 보상에 집착하게 하고 핵심 목표에서 일탈하도록 하였으며 결과적으로 직무 수행 수준을 저하시켰다. 교사 또는 학교의 수행을 점검하기 위하여 책무성 정책이 필요한 것은 사실이다. 그러나 책무성 정책은 '똑똑하게' 설계되고 '조심스럽게' 집행되어야 한다.Sahlberg, 2010 교사들의 책임감을 고무하는 것은 책무성 정책에 우선한다. 기존의 책무성 정책은 책임감을 고양시키지 못하였지만, 책임감이 고양된 교사들에게 효과적인 책무성 정책은 유익을 발생시킬 수 있다. 교사로서의 책임감은 아이들을 긍휼矜恤히 여기는 마음에 그 뿌리를 두며, 이 마음은 교사가 자신의 일에 온전히 몰입할 때 출현하기 시작하고, 동료들과의 전문적이고 사회적인 관계를 통해 발전한다.

일곱째, 새로운 일이나 제도를 만들기보다는 기존의 일의 내용이나 방식을 바꾸고 제도를 수정해 가는 편이 현명하다. 기존의 제도와 일은 나름의 의미를 가지고 있다. 새로운 일이나 제도가 부가될 때 자칫 기존 제도나 일과 연동된 예측하지 못한 결과가 발생할 수도 있다. 교원 선발, 재교육, 장학, 행정 지원 등 기존의 제도를 어떻게 수정해 가면서 학교자율운영을 지원할 것인가를 숙고해야 한다.

　여덟째, 학교자율운영을 둘러싼 정책 및 제도적 환경을 개선하기 위하여 노력해야 한다. 학교 서열화 체제가 강화되고 입시 경쟁 구조가 유지되는 한 학교자율운영은 계속 어려움에 처할 것이다. 정책 및 제도적 환경을 학교자율운영을 게을리하는 방패막이로 활용하는 것도 옳지 않지만, 이 환경을 온존시킨 채 교사들에게만 변화를 요구하는 것도 옳지 않다. 교육 주체는 각자의 위치에서 환경을 변화시키는 일에 헌신해야 한다.

4.
학교자율운영 2.0 모형

학교자율운영 2.0 모형을 체제론적으로 설계해 보고자 한다. 일반적으로 체제 모형은 투입, 과정, 산출, 환경이라는 네 가지 요소를 중심으로 사회적 실체를 분석한다.[이 절은 김용·김혁동·송경오·정바울, 2015: 108~113을 수정, 보완함]

투입

학교자율운영 2.0에서 가장 중요한 투입 요인은 교사와 교장이다. 물론 좋은 교사와 리더십이 있는 교장이 필요하다. 먼저 교사와 관련하여, 그동안은 국가가 정한 기준을 바탕으로 대학이 자율적으로 교사 자원을 양성하고, 교육청은 전국 공통의 선발 절차에 따라 교사를 선발할 뿐이었다. 학교를 살아 있는 교육공동체로 변화시키고자 하면 양질의 인적 자본human capital을 갖춘 교사를 교직에 유입하는 것이 출발점이다. 이런 관점에서, 교육청이 대학의 교원 양성 과정에 적절하게 관여하여 좋은 자원의 교직 유입을 촉진할 수 있다. 몇몇 시·도 교육청에서 시도하고 있는 교원 선발 과정에 변화를 주어서 대학의 교원교육의 변화를 유도할 수도 있을 것이며, 교육청과 주요 교원 양성 대학 간에 양해각서와 같은 형식을 통해 교육청이 요망하는 교원 양성 교육의 내용을 대학에 전달하여 우수 교사 자원의 산출을 기대할 수도 있을 것이다.

리더십이 있는 교장을 기르고 배치하는 일 역시 매우 중요하다. 장기적으로는 10년 정도 후에 실행할 수 있는 교장 선발 제도에 관한 사회적 논의를 시작해야 한다. '10년'이라는 제도 준비 기간을 설정한 것은 교장 준비자들의 신뢰 이익을 보호하기 위함이다. 단기적으로는 내부형 교장 공모제를 확대할 수 있도록 노력해야 한다. 물론, 현직 교장들의 리더십을 배양하기 위한 노력을 게을리하지 않아야 한다.

과정

학교자율운영 2.0은 중층적 과정에서 이루어진다. 개별 학교를 단위로 하여 모종의 과정process이 전개되어야 하며, 일정한 지역을 배경으로 여러 학교가 개방과 공유, 협력을 통해 네트워킹하면서 또 하나의 과정을 전개해야 한다.

개별 학교 내에서는 학교 구성원들이 공동체를 형성하고, 모두가 책임감을 가지고 헌신할 수 있도록 투입 요인을 전환하는 것이 과정process의 요체이다. (1) 공동체를 구성하는 최소의 필수 요건은 구성원들이 일정한 시간을 함께 보내는 것이다. 이 점에서 교사 전보 제도를 재검토할 필요가 있다. 학교에 따라서는 교사의 근무 기간이 평균 2년에 달하지 않는 경우도 있고, 교장의 근무 기간은 더 짧은 경우도 많다. 교사들이 한 학교에서 7년에서 10년 정도 근무할 수 있다면 학교와 지역에 대한 이해가 높아질 것이며, 학교 구성원들과의 관계도 돈독해질 것이다. (2) 학교의 구성원들이 제각기 권한을 나누어 가지고 행사할 수 있는 제도를 형성하는 것은 공동체를 형성하고, 구성원들의 책임과 헌신을 유발하는 또 하나의 중요한 조건이 된다. 교사회, 학생회, 학부모회를 법정화하자는 제안은 이런 배경에서 이루어진 것이다. 물론, 법적 형식으로 학교 구성원들의 참여를 유도할 수도 있겠지만, 법적 형식 없이도 학교장이 구성원들과 권한을 나누는 방식으로 학교 거버넌스를 변화시킬 수 있다. (3) 학교가 형식적인 공동체를 넘어 실질적 공동체로 나아가기 위해서는 구성원 개개인이 자신의 일에 몰입할 수 있는 환경이 갖추어져야 한다. 교사들이 자신들의 교육활동에 온전히 몰입할 수 있을 때 아이들에 대한 책임과 헌신이 절로 우러나며, 교사들 사이에, 교사와 학생, 학부모 사이에 살아 있는 대화가 가능하게 된다. 모두에게 의미 있는 대화가 이루어질 때 공동체가 형성된다. 교사들이 교육하는 일에 몰입할 수 있도록 하는 데에는 교육청이 일하는 방식을 바꾸어서 학교의 리듬을 깨지 않는 일, 교장이 학교를 운영하는 과정에서 시간, 공간, 관례 등의 변화를 통해 몰입하는 환경을 조성하는 일, 교육청이 적절한 시기에 적절한 지원을 하는 일 등이 중요하다. (4) 앞의 세 가지 조건은 교사들 사이에 전문적 학습공동체가 작동할 수 있는 기본적 요건이 된다. 학교자율운영 2.0은 궁극적으로 교사들이 전문적 학습공동체를 형성하여 교사들의 전문적 자본을 형성, 강화시키는 방식으로 이루어질 것이다. 교사들의 학습공동체는 당해 학교 아이들의 상황을 파악하고, 그 상황에 적절한 배움의 소재와 방식을 탐구하고 공유하면서 교사들이 집단적 역량을 발휘하는 방식으로 교육 활동을 전개하는 요체가 된다.

산출

학교자율운영 2.0은 '살아 있는 교육공동체'를 산출물로 삼는다. 어떤 상황의 학교든 교사를 중심으로 학교 공동체 구성원들의 학생을 전인격적으로 성장시키는 힘, 즉 교육력을 극대화하는 것이 살아 있는 교육공동체의 단기적 목표가 된다. 장기적으로는 학교 울타리를 넘어 지역과 사회의 변화를 지향한다.

환경

학교 밖에서 학교에 영향을 끼치는 제도적, 문화적 요소들을 환경으로 개념화할 수 있다. 현행 대학 입시 경쟁 구조와 학생을 서열화하는 평가에 대한 사회적 압력 등이 학교자율운영의 환경 요소들이다.

이상 분석한 내용을 정리하면 [그림 Ⅲ-2]와 같다.

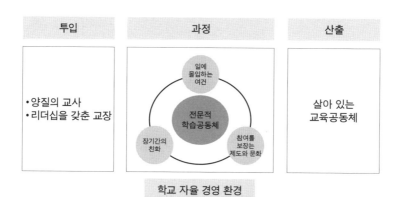

[그림 Ⅲ-2] 학교자율운영 2.0 모형(개별 학교 차원)

그런데 이웃 학교를 착취하고 교육 생태계를 교란하는 방식으로 학교의 발전을 꾀하는 것을 옳지 않다. 학교자율운영 2.0은 학교가 이웃 학교, 나아가 지역과 개방과 공유, 협력의 관계를 형성하면서 동반 혁신과 동반 성장을 도모한다. 네트워킹은 학교자율운영 2.0의 또 하나의 요체이다. [그림 Ⅲ-3]과 같이 나타낼 수 있다.

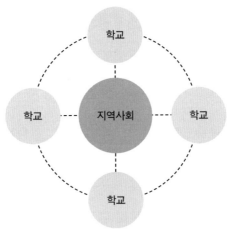

[그림 Ⅲ-3] 학교자율운영 2.0 모형(지역 차원)

　학교자율운영 2.0을 지탱하는 네트워킹은 개방적 심성을 계발하고 공유적 차원을 발전시켜서 협력적 실천을 제도화할 때 작동한다. 개방적 심성은 다음과 같은 마음가짐을 의미한다. 학교 울타리 안에서 모든 일을 어떻게든 해결한다는 생각을 타파하는 것, 외부자의 시각에서 나 또는 우리 학교를 객관화하겠다는 태도, 나 또는 우리 학교의 단점을 숨기지 않으며, 장점은 나누겠다는 태도, 누구에게서나 배울 수 있고 도움을 받을 수 있다는 마음. 한마디로 개방적 태도는 '내

학급'과 '내 학교'라는 식으로 교육 공간을 사유화하는 태도와 관행을 타파하고자 하는 것이다.

개방적 태도를 확립한 후에는 공유의 차원을 발전시켜야 한다. 학교는 여러 가지 차원에서 이웃 학교나 지역사회와 공유할 수 있다. 우선, 시간을 공유할 수 있다. 여러 학교가 같은 시간에 무엇을 함께 할 수 있다. 학생 시간을 공유할 수도 있고, 교사 시간을 함께 나눌 수도 있다. 나아가 직원들의 시간, 학교 행정가의 시간, 학부모의 시간도 공유할 수 있다. 공간을 공유하는 일은 이미 여러 학교에서 일어나고 있다. 학교의 어떤 시설이나 공간을 서로 빌리거나 빌려주면서 함께 쓰는 것이다. 자료의 공유도 발전시켜야 한다. 그동안 경쟁적인 공모 방식 때문에 학교들은 귀한 자료를 홀로 활용하는 경향이 없지 않았다. 그러나 한 학교에서 생산한 자료를 이웃 학교에서 활용할 수 있도록 돕고, 사회에서 만들어진 유익한 자료를 다른 학교에도 알려 주어 활용할 수 있도록 돕는 일이 필요하다. 마지막으로, 사람을 공유할 수 있다. 교직원이 학교를 바꾸어 무엇인가를 하거나, 이웃 학교의 교직원이 다른 학교를 일시적으로, 부분적으로 지원하는 일이나 동일한 외부 인적 자원을 여러 학교가 동시에 활용하는 일은 지금 당장 실행할 수 있다. 이런 변화 시도는 학교와 교사들이 주도할 일이지만, 그 전에 법과 제도 면에서의 지원과 변화가 선행되어야 한다. 예를 들어, 현행 「양성평등기본법」 등에 따라 학교마다 성교육 강사를 초빙하여 성희롱 예방 및 성폭력 방지 등을 교육하도록 규정하고 있는데, 이렇게 하기보다 이웃한 몇 개 학교가 한 사람의 강사를 초빙하여 같은 시간, 같은 공간에서 함께 성교육을 받을 수도 있을 것이다.

개방적 태도로 공유 차원을 발전시킨 후에는 협력적 실천을 적극적으로 시작할 수 있을 것이다. 지역에 터전을 둔 여러 학교가 서로에게 도움이 되는 협력적 실천의 소재를 발굴하고, 계획-실행-평가 과정을 공동으로 진행할 수 있게 되는 것이다. 학교급 간의 벽을 허물고 한 지역의 12년 또는 16년, 나아가 평생학습의 장을 마련한다는 관점에서 협동적 실천을 적극적으로 모색해야 한다.

| 제4장 |

학교자율운영 2.0의 원리

어떤 담론이나 그렇듯이, 학교자율운영이라는 담론 역시 고유한 장치apparatus, dispositif를 내장하고 있다. 1995년 교육개혁 이후 본격화한 학교자율운영 이후 교원평가와 교원성과급, 학업성취도평가와 교육정보공개 등이 한국 교육에 제도화하였다. 학교자율운영 1.0의 장치들이라고 할 수 있다. 근래 학교개혁 과정에서 이런 장치들에 대한 비판과 불만이 제기되어 장치의 조정이 이루어지고 있다. 학업성취도평가는 전집 평가에서 표집 평가로 바뀌었고, 교원평가와 성과급을 폐지해야 한다는 주장이 꾸준히 제기되고 있다. 반면, 여러 교육청에서는 학생자치를 확대하고 학부모회를 설치하도록 하고, 교사 다모임을 통해 학교를 운영하는 사례들이 나타나고 있는데, 장치의 전환 과정에 있다고 할 수 있다. 그런데 장치의 전환은 가시적인 제도의 변화만을 의미하는 것이 아니다. 장치의 근저에는 모종의 원리가 있으며, 원리의 전환이 이루어지고 있는 것이다.

1.
학교자율운영 1.0의 원리

학교자율운영의 핵심 질문은 교사와 학교를 어떻게 움직이도록 할 것인가라는 것이다. 이미 앞에서 살펴본 것처럼, 학교자율운영 1.0은 지대 추구적 행위를 하는 교사들이 적지 않기 때문에 이들을 효과적으로 자극하기 위해서는 학부모에게 선택권을 부여하고, 교사들이 경쟁하도록 하는 환경을 조성하는 일이 중요하다고 보았다. 선택과 경쟁은 긴밀하게 연관되어 호환 관계를 형성한다. 즉, 학부모가 학교를 선택하게 되면 극단적인 경우 학교가 폐쇄되거나 교사들이 실직 위기에 처할 가능성이 있기 때문에 교사들은 잘 가르치기 위한 경쟁을 시작할 가능성이 높다. 한편, 학부모 선택이 허용되지 않아도 교원평가나 성과급은 교사 간 경쟁을 촉발할 수 있는 수단으로 활용될 수 있다.

또 교사들이 반드시 달성해야 할 표준을 명확히 제시하고, 그것을 달성하도록 책무성을 부여하는 일이 중요하다. 학교의 교육 목적으로 제시되는 '전인교육'이라는 말은 교사들의 교육 활동의 방향을 추상적으로 지시할 수는 있을지언정 구체적인 내용과 수준까지 지칭하는 것은 아니다. '진도를 나가는' 일을 교사가 해야 하는 일의 전부라고 생각하는 교사들이 적지 않은 상황에서 교사들의 교육 활동의 방향을 분명하게 제시하고, 이것을 달성하도록 독려하는 일이 중요하다.

　이처럼 선택과 경쟁, 책무성이라는 원리는 근저에 교사에 대한 불신을 전제한다. 교사들을 신뢰할 수 없기 때문에 그들이 변화할 수밖에 없도록 유도하는, 더 적확하게는 강제하는 원리들이 구안되었다.

2.
학교자율운영 2.0의 원리

앞 장에서 살펴본 것처럼 학교자율운영 1.0은 학교를 효과적으로 변화시키지 못했다. 신공공관리적 접근에 의한 학교 변화 원리가 현실에서는 잘 작동하지 못했다고 평가할 수 있는 것이다. 학교자율운영 2.0은 교사와 학교의 변화를 다른 원리로 설명한다.이하 이 절은 김용·류현진·이준범, 2017: 19~24를 부분적으로 수정함

민주주의

학교자율운영 1.0 모형은 교육 수요자들의 선택을 통해 공급자 사이의 경쟁을 촉진하고자 한 데 비하여, 학교자율운영 2.0 모형은 학교 안에 민주주의를 확립하여 변화를 이끌어 내고자 한다. 교사회, 나아가 학생회와 학부모회를 법제화하자는 주장은 이런 원리의 연장선에 있다. 그런데 학교자율운영의 원리로서의 민주주의를 어떻게 이해할 것인가?

일반적으로 학교운영에서의 민주주의는 교사회와 같은 제도를 운영하는 문제로 이해된다. 이런 관점은 제도로서의 민주주의라고 부를

수 있다. 그러나 학교자율운영에서의 민주주의는 이것을 넘어서는 것이다. 일찍이 듀이Dewey는 민주주의를 삶의 양식a way of living으로 이해하였다.

민주주의는 하나의 정부 형태만이 아니라, 더 주되게는 더불어 살아가는 삶의 양식이며, 경험을 전달하고 나누는 … 방식이다. … 각 개인이 자신의 행동을 다른 사람들의 행동과 연관 짓고, 다른 사람들의 행동을 고려하여 자신의 행동 방향을 결정하는 일은 … 계급, 인종, 국적과 같은 장애물이 철폐된다는 뜻이다.1916: 87

삶의 양식으로서의 민주주의는 사람들 사이의 관계의 양상과 조직운영 원리라는 관점에서 해석해 볼 수 있다. 첫 번째와 관련하여, 듀이는 민주주의적 삶의 특징을 사회집단 구성원이 "수많은 다양한 관심을 공유"하고 "다른 집단과 상호 교섭"하는 것에서 찾았다. 그런데 선택과 경쟁이 학교운영의 원리로 도입되게 되면, 듀이가 주창한 민주주의적 삶의 양식과 정반대의 현상이 나타난다. 선택하는 주체로서의 학부모와 선택을 당하는 객체로서의 교사 사이에 벽이 생긴다. 또, 학교 선택이 널리 확대되면 지역사회의 분리가 심화하고, 나아가 사회계층 간 분화가 일어난다는 사실은 이미 영국이나 미국 등 신자유주의 개혁을 실시한 국가들에서 실증되었다.Olssen, Codd,and O'Neill, 2004 교사들 사이에 성과급이나 점수를 매개로 한 경쟁이 도입되면, 교사들 사이에 협력이 촉진되기보다는 고립이 심화한다. 반면, 교육의 민주주의는 학생과, 교사, 학부모와 교사, 교사와 교장 등 학교 울타리 안팎의 사람들이 서로에게 관심과 애정을 가지고 관여하고 함께 성장하는 관계를 형성한다.

두 번째와 관련하여, 학교 조직 운영의 원리로서의 민주주의는 조직 안에서 누구나 자유롭게 자신의 목소리voice를 낼 수 있고, 그것이 교사들의 동기를 유발하는 것을 의미한다. 우선, 목소리를 자유롭게 낸다는 뜻은 일차적으로는 학생이 교사에게 무엇을 요구하는 것, 학부모가 교사에게 요구하는 것, 때로는 교사가 학교장에게 무엇을 자유롭게 주장하는 것을 표현한다는 의미를 지닌다. 그런데 목소리를 낸다는 것은 자기 하고 싶은 요구를 자유롭게 한다는 의미를 넘어선 더 심오한 뜻을 지닌다. 진실을 대담하게, 때로는 위험을 무릅쓰고서라도 의무감을 가지고 말을 한다는 뜻이다. 이런 태도는 개개인이 조직 안에서 자신의 이익을 취하기만 하고자 할 때는 나타날 수 없고 기대할 수도 없다. 공동체 안에서 더불어 변화하고자 할 때 이런 태도가 발현된다.

이런 태도는 교사들의 변화를 촉진한다. 교사들은 자신이 공들여 준비한 수업에 학생들이 협응할 때, 가장 강하게 동기화한다.Lortie, 1975 수업에 관한 학생들의 평가는 교사에게 훌륭한 자극이 된다. 또, 동료 교사가 성실하게 연구하고 정성스럽게 학생을 지도하는 모습을 보고 교사로서의 자세를 가다듬게 된다. 이런 일은 교사와 학생, 교사와 교사 간 관계가 돈독하게 형성되고, 자유롭게 이야기를 나눌 수 있을 때 가능해진다. 그런데 지금까지 여러 학교에서 교사와 학생이 가르치는 사람과 배우는 사람으로 단절되고, 교사들은 개인주의와 고립주의 문화 속에서 함께 이야기하고 배우는 경험을 하지 못하는 경우가 많았다. 혼자만의 교실과 문을 걸어 둔 학교 안에서 교사들의, 학교장의 바람직하지 않은 행동이 일어날 소지가 컸다. 또, 어설픈 권위주의 문화가 확립된 학교에서는 교사들이 학생의 의사표현을 가로막거나, 학교장이 교사의 뜻과는 관계없이 학교를 운영하는 일이 적지 않았다.

이렇게 보면, 민주주의라는 조직 운영 원리는 참여를 보장하는 제도만으로 실현되는 것이라기보다는 그 이상으로 다른 사람에 대한 존중을 바탕으로 한다. 학교장이 교사를 존중하고, 교사가 '미숙한' 아이들을 존중할 때, 전문가인 교사들이 '비전문가'인 학부모를 존중할 때, 그 반대의 경우로 학생이 교사를, 학부모가 교사를, 교사가 학교장을 존중할 때 민주주의가 작동한다.

> 민주주의란 존경과 관심을 기초로 세워지는 것이며, 존경과 관심은 다른 사람들을 단순히 대상으로서가 아니라 인격체로서 인식할 줄 아는 능력에 기초해서 세워지는 것이다.Nussbaum, 2010, 우석영 옮김, 2016: 29

학교 민주주의와 관련하여 교사회, 학생회, 학부모회를 법제화하는 일이 중요한 정책 과제로 제기되고 있다. 교사회는 법제화에 이르지는 못했지만, 일부 학교에서는 교사 다모임과 같은 형태로 실질적으로 교사회의에서 중요한 결정을 하는 사례가 있고, 학생회 역시 법제화하지는 못했지만 학생자치를 크게 신장한 사례가 보고되고 있다. 경기도 등에서는 학부모 조례를 제정하여 학부모회 설치를 의무화하고 있다.

그런데 이와 같은 학교 민주주의 제도의 변화에 관하여 검토할 점이 있다. 교사회 설치 주장의 경우, '타인에 대한 존경과 관심'이라는 민주주의 제도의 근본정신에 얼마나 충실한 것일까? 교사회 설치 주장은 많은 경우, '학교장의 독단적 학교운영을 견제하기 위한 필요'가 근거로 제기된다. 학교를 자신의 왕국으로 오인하고 독단적으로 학교를 운영하는 교장이 없지 않았기 때문에 이런 주장에는 일리가 있다. 그러나 독단적인 학교장이 교사를 존중하지 않는 것과 마찬가지로, 교사들이 학교장을 존중하지 않는다면 그것도 문제다. 타인 존중이라는 민주주의의 인프라가 갖추어지지 않은 상태로 교사회가 법제화하면 이 기구가 구성원의 참여와 조직의 건강한 발전을 이끌어 내기보다는 구성원 간 반목과 갈등을 유발하는 장이 될 수도 있다는 사실에 유의할 필요가 있다.

한편, 근래 학생자치가 활발하게 일어나는 학교가 속속 등장하고 있다.이민영·백원석·조성현, 2017 과거 학생들이 교문을 들어서는 순간 모든 인권을 저당잡힌 채로 학교생활을 하던 때에 비하면, 대단히 놀라운 변화이며, 환영할 만하다. 학생의 학교 참여가 활발해지면 학생 스스로 자기 효능감을 경험하며 학교생활 만족도가 높아진다. 학교장의 눈에 보이는 것과 교사의 눈에 보이는 것, 그리고 학생의 눈에 보이는 것이 같지 않기 때문에, 학생의 눈으로 수업을 성찰하는 교사는 수업을 개선할 수 있고, 학생 눈으로 학교운영을 되돌아보는 학교장은 학교운영을 크게 개선할 수 있다. 학생자치의 눈부신 발전에도 불구하고, 한 가지 아쉬운 점은 학생자치의 영역이 일정하게 제한되어 있다는 사실이다. 많은 학교에서 학생자치는 두발이나 복장 등 학생의 생활 영역에 국한된 자치이다. 교사의 수업이나 평가는 학생자치의 영역에 들어와 있지 않다. 아주 박하게 평가하면, 현재와 같은 학생자치는 '장식적 자치'로 제한될 가능성이 있다.

또 어떤 조직이나 기구든 법제화하는 경우, 일장일단이 있다. 장점은 분명하다. 모든 학교에 일시에 학부모회를 설치할 수 있다. 그런데 법제화가 제도의 실효적 운영을 보장하는 것은 아니다. 학부모 조례가 만들어지기만 하면, 학부모회가 자동적으로 원만하게 운영되는 것은 아니다. 법률에 따라 설치는 되어 있지만, 형식적으로만 운영되는 조직이나 기구가 부지기수다.

이렇게 보면, 교사회 등의 법제화를 서두르기보다는 학교 민주주의의 인프라를 형성하는 일에 더 많은 시간을 들이고 노력을 투여해야 한다. 학교 구성원이 민주주의 연습을 더 해서 민주주의 역량을 발전시켜 가면 자연스럽게 법제화가 이루어지고, 기구가 실효성 있게 운영될 수 있을 것이다. 물론, 전후 관계를 바꾼 주장도 성립할 수 있다. 즉 기구를 법제화하여 설립해야 민주주의 연습을 더 강화할 수 있다는 주장도 가능하지만, 현실적으로 앞의 주장이 타당하다. 그렇다면 민주주의 연습은 어떻게 하는 것인가? 누스바움은 다음과 같은 실천을 민주주의 연습의 소재로 제기하고 있다.[86~87]

- 타인의 관점, 특히 사회가 '그저 사물'보다 덜 중요하게 보는 이들의 관점에서 세계를 볼 수 있는 능력을 계발하기
- 가까이 있든 멀리 있든 타자에 대해 진심으로 큰 관심을 기울

이는 능력을 계발하기

- 모든 아이를 책임 있는 행위자로 대하기. 그렇게 하여 아이들의 책임감을 진작하기
- 반대 목소리를 내는 비판적 사유에 필요한 기술과 용기, 비판적 사유 자체를 활발히 진작하기

이렇게 민주주의 연습을 해 가는 일이 중요하다. 교사회의 법적 근거가 없다고 하여 학교에서 교사회를 운영할 수 없는 것은 아니다. 교장의 리더십에 따라 교사들의 학교운영 참여를 실질적으로 보장할 수 있는 가능성은 충분하다. 학생회와 학부모회의 법제화가 이루어지기 전이라도 학생과 학부모회의 학교운영 참여의 통로를 확대하고 참여 수준을 높이는 일에는 아무런 장애가 없다.

책임

학교자율운영 1.0은 선택과 경쟁을 통해서 교사들에게 책무성을 다할 것을 요구한다. 반면, 학교자율운영 2.0은 학교 안에 민주주의를 확립하여 교사들의 책임을 불러일으키고자 한다. 책무성과 책임은 어떻게 다른 것인가?

책무성accountability은 계약적 관계에서 발생한다. 책무 요구자와 책무 이행자가 책무의 내용에 합의할 때 계약이 성립한다.Olssen, Codd, and O'Neill, 2004 고용 관계에서 책무성을 요구하는 경우, 그 의미는 '월급을 받는 만큼 일을 하세요'라는 정도다. 이에 비하여, 책임責任, responsibility은 관계 개념이다. 책임은 행위 주체와 그의 행위, 그리고

그것이 영향을 끼치는 대상을 전제로 한다. 상대방에게 빚진 것을 갚고자 하는 마음에서 책임이 비롯되며, 타인에게 또는 자신에게 빚지거나 약속한 것과 관련하여 반드시 그 행위를 설명하고자 하는 태도가 책임감이다.김태훈, 2014; 강선영, 1998 교사가 자신의 실천에 관하여 동료 교사에게, 학생에게, 그리고 학부모에게 설명할 수 있는 태도와 능력이 책임감을 구성한다.

책무성과 책임은 얼핏 비슷한 개념으로 보이지만, 여러 가지 면에서 다르다. 첫째, 책무성의 내용은 외부에서 강제된, 정확히 말하면 책무 요구자에게서 부과된 것이지만, 책임의 내용은 책무의 내용을 필수로 하며, 거기에 책임지고자 하는 사람이 스스로 결단한 것을 포함한다. 대개 책무의 내용은 법적 형식으로 규정된다. 그런데 '법은 도덕의 최소한'이라는 법언法諺처럼 책무의 내용은 말 그대로 최소한에 그친다. 반면, 책임은 도덕의 영역까지를 포괄한다. 그것도 외적 강제에 의해서가 아니라 스스로의 결단으로 도덕의 영역에 다가선다.

둘째, 책무의 내용은 사전에 주어진 것으로서 고정불변이다. 반면, 책임의 내용은 가변적이고 확산적이다. 고용 관계에서 책무는 사실상 고용 이전에 이미 정해져 있다. 그리고 책무는 관계적 개념으로서의 성격이 희박하기 때문에, 사람에 따라 그 내용이 달라지는 경우도 거의 없다. 반면, 책임은 책무를 넘어선 영역에서는 스스로 정하는 것이기 때문에 책임지는 사람에 따라서 달라진다. 또, 책임은 관계적 개념으로서 누구와의 관계인가에 따라 책임의 내용이 가변적이다. 예를 들어, 학교생활에 매우 소극적이고 참여하지 않는 아이에게 일 년 내내 급우들과 함께 참여하도록 독려하는 교사나 자녀의 학예회 발표를

축하해 주러 학교에 오기 어려운 부모를 대신하여 아이에게 꽃다발을 건네주는 교사는 책무성이 아니라 책임의 영역에 존재한다. 사람에 대한 관심과 사랑에 한계가 없는 것처럼 책임은 확산적이다.

셋째, 책무성은 일을 향한 개념인 데 비하여 책임은 사람을 향한 개념인 경우가 많다. 공문을 형식에 맞게 바르게 작성하여 기한 내에 발송하는 일은 책무성의 영역이다. 그러나 교사가 학생들에게 때로는 부모를 대신하여, 때로는 벗으로서 역할을 하는 일은 책임의 영역이다.

이렇게 책무성과 책임은 다른 개념이다. 이런 개념상 차이는 교사들에게 중대한 차이를 만들어 낸다. 책무성이 지배하는 세계에서는, 계약의 '내용'은 더 권위 있는 주체가 결정한 것으로서, 계약 당사자인 교사는 그 일에 관하여 '왜?'라는 질문을 제기하기 어렵다.^{Olssen, Codd, and O'Neill, 2004} 책무의 내용은 주어진 것이며, 교사는 시키는 일을 할 뿐이다. 이렇듯 계약적 순응 상황, 즉 외적 책무성이 부과되는 상황에서는 높은 수준의 동기가 고양되지 않는다. 반면, 책임은 교사 스스로 결단하여 이끌어 낸 마음으로서, 최상의 동기 수준에 있을 때 책임이 일어나며, 책임이 다시 동기 수준을 끌어올리는 일이 일어난다. 아울러, 책무성은 일을 향한 개념이고, 일은 다양하다. 그만큼 책무의 내용도 분산적이다. 사실, 교사들이 책무성이 부족하다는 진단은 엄밀하게 말하여 잘못된 진단일 수 있다. 오히려 교사들이 너무 다양한 주체에게-수시로 자료를 요구하고, 연수에 참여하라고 요구하는 교육청 관료들에게, 하루 만에 공문을 작성하여 보내라는 국회의원이나 지방의원들에게- 너무 다양한 책무를 지고 있는 것이 사실이다. 반면, 책임은 학생을 향한 개념이다. 책임이 학교에 자리 잡게 되면, 무엇이 학생을 위한 것인가? 학생들은 무엇을 바라는가? 학생들은 무엇을 하고자 하는가와 같은 질문이 중심에 자리 잡게 되고, 학생 중심의 방향이 명확해진다.

그동안 영국이나 미국, 호주와 뉴질랜드 등 여러 국가에서는 책무성을 강조하였고, 책무성을 확인하기 위한 핵심 증거는 학생의 학업성취 수준이었다. 국가 수준의 시험을 치르고, 그 결과를 교사가 책무성을 어느 정도 다했는지를 판단하는 자료로 활용하였다. 이와 같은 책무성 확인 방식이 완전히 잘못된 것이라고 할 수는 없지만, 시행 과정에서는 여러 가지 중요한 문제가 제기되었다. 우선, 학생의 학업성취가 오로지 교사의 수행으로만 결정된다는 가정은 잘못된 것이다. 학생의 능력과 노력은 말할 것도 없고, 부모의 사회경제적 배경과 지원, 학교의 물리적 여건과 지역사회의 지원 등의 함수가 학생의 학업성취이기 때문이다. 또, 단 한 차례의 시험이기 때문에 필연적으로 나타날 수밖에 없는 기술적 오류도 존재한다.[김용, 2012]

한국에서도 이명박 정부 들어 전국 수준의 학업성취도평가가 실시되었다. 한국의 성취도평가는 서양 국가와 달리, 기초학력이 부족한 학생을 파악하여 지원하고자 하는 의도에서 실시된 것으로서 서양 국가의 시험과는 그 성격이 다르다. 서양 국가가 시험 결과를 근거로 학교를 폐쇄하고 교사를 해고하는 데에까지 이른 것과 비교하면 한국의 경우는 학업성취도평가의 책무성 장치로서의 기능은 상대적으로 매우 약했다고 할 수 있다. 오히려 한국의 학업성취도평가는 교육복지적 기능을 갖는 것이기도 했다. 그러나 학업성취도평가 결과를 학교 성과급에 일부 반영하는 등 책무성 장치로서의 기능을 전혀 수행하지 않은 것도 아니다.

근래 진보 교육감이 등장하고 정권 교체를 계기로 학업성취도평가 방침이 재검토되고 있다. 이미 박근혜 정부 출범 당시인 2013년부터 초등학교의 학업성취도평가는 표집 평가로 바뀌었고, 문재인 정부 출범을 계기로 2018년부터 중학교와 고등학교의 학업성취도평가 역시 표집 평가로 전환되었다. 학업성취도평가와 관련하여 학교 현장에는 두 가지 편향이 존재하는 것으로 보인다. 과거에 일부 교육청을 중심으로 학업성취도평가를 절대시하여 학교의 모든 교육 활동을 평가에 맞추도록 강하게 유도한 경우가 있었는데, 이것은 편향이다. 반면, 진보적인 교사 집단을 중심으로 기존의 학력과 시험을 경원시하여 일체의 학업성취도평가를 바람직하지 않은 것으로 거부하는 태도를 보이기도 한다. 이것도 편향이다.

교사의 책임 가운데 가장 기본적인 것 중 하나가 기초학력을 철저히 보장하는 것이다. 근래 '미래학력'이나 '참학력'이라는 개념을 활용하면서, 기존의 '기초학력' 개념을 대체하고자 하는 노력이 이루어지고 있고, 그 의의를 인정할 수는 있다. 그러나 미래학력이나 참학력이라고 하는 것도, 읽고 쓰고 셈하고 이해하고 의사소통하는 능력이 뒷받침되지 않으면 허구적인 개념이 되고 말 것이다. 학업성취도평가를 표집으로 전환해도 좋지만, 시험을 치지 않은 학교에서도 평가 결과를 치밀하게 분석하고 학생들의 학습 지도에 적극적으로 활용할 필요가 있다.

그렇다면 책임은 어떻게 일어나는가? 책임이 빚진 마음에서 비롯한다는 말에서 생각할 수 있는 것처럼, 학생을 긍휼히 여기는 마음이 교사 책임감의 고갱이다. 공부에 힘들어하는 아이들, 해 보려고 하는데도 조금씩 부족한 아이들, 자신 주변의 일을 버거워하여 자꾸 엇나가려는 아이들을 안타깝게 여기고 어떻게든 도와주고자 하는 마음에서 책임감이 일어난다. 과거에는 교사가 되려는 동기 중에 가장 중요한 것이 '아이들을 사랑하는 마음'이었다. 오늘날은 그 대신 교직이라는 직업의 안정성에 이끌려 교사가 되고자 하는 사람이 많아지고 있다. 이런 이유로 오늘날 교사들에게는 책임이 부족하다는 말이 종종 들리기도 하지만, 교원 양성 과정에서 교육실습을 강화하여 아이들을 만나서 대화하고 이해하는 경험을 더 많이 쌓고, 입직 후에는 학교 안 공동체에서 선배 교사들의 마음씀을 곁에서 배워 가면 될 것이다.

책임감이 고양된 교사는 교육 활동에 헌신하며 앙양된 도덕적 주체로서 활동한다. 그런데 책임감은 특정한 조건에서만 고양된다. 먼저, 자신이 재량껏 어떤 일을 할 수 있는 상황, 즉, 자율이 보장된 상황에서 책임 있게 활동할 수 있다. 이 상황은 권한이 위임되어 교사 스스로 전문적 책임을 다할 수 있는 상황이기도 하다. 자신이 판단하고 결정하여 하는 일에는 책임감이 생긴다. 반면, 누군가 정해 준 일을 할 때에는 높은 수준의 책임감이 일어나지 않는다. 이런 점에서 자율은 책임의 전제를 형성한다. 아울러, 높은 수준의 신뢰를 받을 때 책임감이 고양된다. 주변에서 나를 믿지 않을 때 책임감은 일어나지 않는다. 신뢰는 자율의 전제 조건이 되며, 자율은 책임의 전제를 형성한다.

신뢰

학교자율운영 1.0은 교사를 불신하는 입장에서 교사들의 기회주의적 행태를 통제하는 장치를 제도화하고자 하였다. 교원평가와 성과급 제도는 이런 배경에서 시행되고 있다. 반면, 학교자율운영 2.0은 신뢰에 터하여 민주주의를 작동시켜서 책임감을 불러일으키고자 한다. 학교자율운영 2.0은 교사에게 책임감을 발동시키는 일을 중요한 목표로 삼는다. 그런데 책임감은 신뢰받는 상황에서 일어난다. 자신이 불신을 받고 있다고 생각하는 사람이 할 수 있는 최선의 노력은 책무를 다하는 것이다. 신뢰가 책임감의 전제 조건이라면 민주주의는 책임감을 고양하는 중요한 요건을 형성한다. 앞에서 말한 것처럼, 민주주의는 타인에 대한 존중을 기반으로 모든 사람이 자신의 목소리를 낼 수 있는 제도와 문화이다. 민주주의가 굳건할 때, 책임감이 높아진다.

학교운영에서 신뢰와 불신의 문제는 매우 미묘한 검토를 필요로 한다. 학교자율운영에서 신뢰가 중요하다는 생각은 두 가지 질문을 불러일으킨다. 첫째, 불신에 터한 행정에는 어떤 문제가 있는가? 둘째, 불신에 근거하지 않은 행정, 더 적극적으로는 신뢰에 근거한 행정이 과연 가능한가?

불신에 터한 행정은 여러 가지 심각한 문제를 초래한다. 우선, 불신은 불신을 낳기 때문에 교사의 행위를 확인하기 위한 장치는 점점 다양해지고 복잡해진다. 관료들은 물론 교사들 역시 더 많은 감시와 점검, 보고와 기록 등 일에 시간을 보내게 된다. 교육 아닌 일에 너무 많은 시간과 에너지를 써야 하는 것이 첫 번째 문제이다. "점검이 강화되면 생산적 활동에 쓰여야 할 자원을 다른 곳에 돌리게 되고, 금지되어야 하는 행동이 드러나지 않게 강화된다. 체계적으로 신뢰받지 못하는 사람은 결국 믿을 수 없는 사람이 된다."Hazeldine, 1998: 216

나아가 불신이 지배적인 상황에서는 누구나 안정성을 우선 취하기 마련이며, 매우 보수적이고 소극적으로 일에 임한다. 아이들과 함께 학교 밖에서 창의적으로 교육 활동을 하고 싶은 마음이 들다가도 혹여 사고라도 나면 모든 것이 내 책임으로 돌아올 것이라고 생각하게 되는 교사는 교실 안에서 학생들에게 교과서를 펴도록 한다. 교사들의 자율과 책임을 위축시키는 것은 불신 근거 행정의 두 번째 문제이다. 불신이 만연한 학교에서는 교사들이 교육 활동의 숭고한 의의를 넓게 생각하기보다는 자신의 안위에 관심을 머무르도록 한다.

이와 함께 신뢰는 관계적 개념인데, 불신이 지배적인 상황에서는 다른 동료들과의 협력을 꺼리게 된다. 타인과 함께 무엇을 도모하는 과정에서 발생할 수도 있는 위험을 회피하고, 나 혼자만의 보수적 안전을 택하는 편이 합리적이기 때문이다. 교육을 둘러싼 집단적 이익과 교사들 사이의 협력은 약화하며 교육 활동의 공동선적 가치는 침식하고 교사의 개인적 이익이나 가치만이 남게 된다.Schick, 1996. Olssen, Codd,and O'Neill, 2004.에서 재인용

이제 신뢰에 관하여 생각해 보자. 신뢰trust는 "타인의 의도나 행동에 관한 긍정적 기대에 터하여 취약성vulnerability을 감수하려는 의도로 구성된 심리적 상태"로 정의할 수 있다.Rousseau, Sitkin, Burt, and Camerer, 1998 "다른 집단에 대해 자신을 기꺼이 무방비 상태로 두는 자세로, 상대방이 선의benevolence와 믿음직함reliability, 역량competence과 정직 honesty, 개방성openness을 가지고 긍정적으로 행동할 것이라고 완전

히 믿고confidence 위험을 감수하는risk-taking 상태"로 정의할 수도 있다.Hoy and Tshannen-Moran, 1999 신뢰trust라는 말이 본래 타인의 혓바닥 위에 기꺼이 자신을 올려 둘 수 있는 정도의 위험을 감수하는 일이라는 뜻을 지닌 단어에서 비롯했다는 사실이 이를 잘 보여 준다.

그런데 신뢰는 사용하면 할수록 줄어들기보다는 오히려 늘어나며, 사용하지 않으면 고갈되어 버리는 도덕적 자본moral resources이다.Hirschman, 1977 신뢰하면 더 많이 신뢰할 수 있게 되지만, 불신하면 더 믿을 수 없게 된다. 불신 규범이 고착화하면 그 불신이 정당한 것인지 여부를 알 수도 없는 상태에서 신뢰를 빚어내는 행동을 막아 버린다. 반면, 한 사람을 믿게 되면 그 사람은 물론 그가 만나는 다른 사람들에게도 이로우며, 나아가 공동체가 풍요로워진다. 신뢰는 협력을 이끌어 내는 기본적 요소이며, 신뢰가 형성되어 있을 때 생산성이 높아지고 참여가 진작된다.

신뢰는 관계적 개념이다. 신뢰는 사람들이 서로를 향해 특정한 방식으로 행위 하는 태도나 성향이다. 이처럼 행동하고 관계를 맺는 방식은 공정성과 존중과 같은 원칙에 의존할 것이며 마침내 정직, 우정, 그리고 보살핌과 같은 덕을 빚어낼 것이다. 신뢰는 삶의 방식과 떼려야 뗄 수 없는 것이다. 매일의 사회적 상호작용과 실천으로 지지되는 공동체적 전통 안에서 신뢰는 지속되어야 한다. 그렇지 않으면 공동체는 점차 쇠약해지고 사라지게 된다.Olssen, Codd,and O'Neill, 2004. 김용 옮김, 2015: 301

특히 전문적 일에 종사하는 사람들에게 신뢰는 중요하다. 뉴질랜드의 교육 연구자인 코드Codd, 1999는 신뢰와 전문적 책무성 간의 관계를 설명하면서, 이 사실을 잘 보여 주었다. 그에 따르면, 신자유주의 담론은 외적 책무성을 요구하는데, 외적 책무성은 위계적이고 외적 통제와 제재로 유지된다. 이 체제에서는 계약적 순응과 정보 보고 및 기록이 중시된다. 하지만 이 체제에서는 실천가들이 의사결정이나 정책에 관한 책임이 실천가 자신들이 아니라 더 큰 권위를 지닌 사람들에게 있다고 생각하게 된다. 이런 맥락에서 실천가들 사이에서 '왜'라는 질문은 제기되지 않는다. 자신보다 우위에 있는 사람이 시키는 일을 아무 생각 없이 하는 사람들에게서 이런 경향이 나타난다. 이런 실천가들에게는 단지 복종과 의존성만이 나타날 뿐, 도덕적 책임을 기대할 수는 없다.

반면, 헌신과 충성, 의무감과 같은 내적 동기로 유지되는 내적 책무성 체제를 생각해 볼 수도 있다. 내적 책무성은 사실상 책임이 작동하는 체제라고 할 수 있다. 이 체제에서는 실천가들이 자신들의 고객과 동료들에게 자신의 결정과 행동에 관하여 기꺼이 설명을 다하고자 하는 책임감을 갖는다. 때로는 여러 가지 상이한 이해 관계자들에게 설명할 의무를 지기도 하는데, 이 일은 판단과 성찰, 그리고 숙의 과정을 통해 딜레마적 상황을 해결하는 일이다. 이 과정은 전문적 재량을 행사하는 일과 다름없는 일로서, 자신이 신뢰받는 상황에서만 가능하다. 즉, 신뢰 문화를 북돋아 주면 전문가주의professionalism의 이상을 앙양하며, 윤리적 행위를 간접적으로 촉진할 수 있다.

신뢰는 전문적 문화를 계발하는 데 필수적이고 중심적인 요소이며, 믿을 만하다는 것은 전문적 삶의 제일의 미덕이다.[Brien, 1998]

일반적으로 행정은 나쁜 사람이나 나쁜 상황을 전제로 한다. 모두가 선한 사람으로 선하게 행동할 것이라고 생각하여 범죄에 대하여 아무런 대비를 하지 않는 것은 잘못된 일이다. 모두가 공중도덕을 잘 지킬 것이라고 생각하여 아무런 대비를 하지 않는 일도 마찬가지다. 이렇게 보면, 모든 교사들이 최선을 다해서 아이들을 돌보고 가르칠 것이라고 생각하여 교사들을 믿고 맡겨 두기만 하는 일 역시 어리석은 일이 될 수도 있다. 그렇다면 어떻게 해야 하는가?

현재의 교육행정은 기본적으로 불신에 근거한 체제라고 할 수 있다. 거의 모든 교육행정 활동은 불신의 논리에 따라 책무성을 확보하기 위한 목적에서 이루어지고 있다고 이해할 수도 있다. 교육 책무성 확보 기제를 좁게 보더라도 학교평가 등의 각종 평가, 정보공개, 감사 등 다양하다. 또, 교사들의 수업 개선에 도움을 주고자 하는 목적에서 이루어지고 있는 장학이나 교사들의 자발성을 중요한 원리로 삼는 컨설팅 역시 책무성 기제로 파악할 수 있다.[이종재·이차영·김용·송경오, 2012] 교사들은 이들 책무성 확보 기제가 자신들을 불신하는 문화에서 작동하고 있음을 피부로 느낀다. 그 결과 장학에 대한 거부감과 컨설팅 참여 저조라는 현상이 나타난다.

현재 교사들의 행위를 통제하기 위한 기제는 사전 예방적 기제와 사후 처벌적 기제로 구분할 수 있다. 컨설팅이 사전 예방적 기제로 활용되고 있다면 징계는 대표적인 사후 처벌적 기제로 활용된다. 감사는 두 가지 목적 모두로 활용되고 있으며, 장학 역시 본래의 목적과 무관하게 두 가지 목적 모두에 활용되고 있다. 교육행정을 신뢰를 기반으로 한 행정으로 바꾸고자 하면, 다음과 같은 방향에서 개선이 필요하다. 첫째 교원 양성 과정이나 입직 초기에 교사들의 의무에 관하여 명확하게 교육한다. 여기서 의무는 무엇을 하지 않아야 할 의무뿐만 아니라 무엇을 해야 할 의무도 포함한다. 둘째, 장학과 컨설팅은 본래의 목적에 맞게 제자리를 찾도록 한다. 장학과 컨설팅이라는 이름으로 교사들의 교육 활동을 점검하는 행위는 하지 않는다. 마지막으로 사후 처벌적 기제는 강화한다. 문제가 제기된 경우 감사는 강도 높게 실시하고, 법적 의무를 다하지 않은 교사에 대한 징계는 강화한다. 이렇게 투입과 산출 부분에서 행정의 역할을 강화하는 대신 과정에서는 교사의 전문적 활동을 폭넓게 보장하는 일이 신뢰를 높이는 행정이 될 것이다.

개방과 공유

학교자율운영 1.0 모형은 학교 간 고립을 심화하고 사회적 폐쇄를 강화하였다. 학교자율운영 2.0 모형은 학교 간 네트워크를 구축하고 학교와 지역사회의 협력을 강화한다.김용·김혁동·송경오·정바울, 2015 개방과 공유, 협력이 학교자율운영의 중요한 원칙을 구성한다. 학교자율운영은 사회적 폐쇄의 기제가 아니라 지역사회를 배경으로 학교들 사이의, 또 학교와 지역의 동반 성장을 이루는 기제가 되어야 한다. 이를 위하여 첫째, 각자의 학교를 이웃 학교에, 나아가 지역에 개방해야 한다. 교실과 학교의 문이 열릴 때 협력이 가능해진다. 둘째, 공유의 심성과 제도를 발전시켜야 한다. 개별 학교의 자원만으로는 충분할 수 없다. 이웃 학교, 나아가 지역사회와 자원을 공유하며, 자신의 교육 실천을 외부자의 시각에서 점검할 수 있는 기회를 가져야 한다. 학교와 가정이 협력하고 지역사회의 지원을 얻을 때 학생의 변화가 가능하다. 이럴 때 진정한 협력이 이루어지며, 학교자율운영은 동반 성장과 동반 혁신의 기제로 작동할 수 있다.

근래 '공유경제' 또는 '공유사회'라는 개념이 점차 널리 활용되고 있다. 제러미 리프킨Rifkin, 2014은 오늘날 '소유' 개념은 보편적이고 '공유' 개념은 매우 낯선 것으로 여겨지지만, 긴 인류 역사의 대부분은 '공유의 시대'였으며, '소유'가 상식으로 여겨진 것은 자본주의가 심화된 이후로 얼마 되지 않은 짧은 기간이었을 뿐이라는 점을 상기시킨다. 많은 학교 운영자들이 개별 학교만으로는 양질의 교육 프로그램을 개발하여 제공하기 어렵다는 사실을 인정한다. 그럼에도 불구하고, 학교운영에서 '공유'는 매우 낯선 개념이다. 학교경영에서 '공유'를 실현하기 위해서는 우선, 학교에서 왜 '공유'가 낯설게 여겨지는가를 생각해 볼 필요가 있다.

아마도 다음과 같은 이유가 있을 것이다.

첫째, '내 학교' 또는 '내 학급'이라는 학교장과 교사의 왜곡된 소유권 의식이 이유가 될 수 있다. 교사들 간에 공유의 필요성을 느끼는 경우에 학교장이 공유를 가로막는 경우도 없지 않다. 왜곡된 소유권 의식은 "왜 우리가 공유해야 할까?", "공유하면 무엇이 좋을까?"라는 질문을 제기할 수조차 없게 만든다.

둘째, 경쟁시키고 평가하여 보상하는 행정 운영 방식은 공유를 가로막는다. 이와 같은 행정 운영 방식에서 이웃 학교는 협력자가 아니라 경쟁자다. 예를 들어, 교육과정 100대 학교 선정 사업은 양질의 교육과정을 공유하는 데에 얼마나 기여했을까? 아마 기여한 것이 거의 없을 것이다. 또, 과거의 학교평가 방식 역시 마찬가지다. 과거 학교평가는 평가자가 평가 지표를 개발하여 전달하면, 학교가 그 지표에 맞추어 교육 성과를 정리하고, 외부의 평가자들이 학교의 자체 평가 결과를 확인하는 방식으로 이루어졌다. 이와 같은 방식의 평가에서 학교 구성원들 사이에 대화는 이루어지지 않는다. 평가 담당자의 문서 작업만이 이루어질 뿐이다. 또한 기존 학교평가는 평가자로서의 교육청과 피평가자로서의 학교 간 관계로 진행되었다. 물론 학교평가 과정에서 외부 위원들의 조언 등을 통해 배우는 바가 없지 않았으나, 사실 다른 학교는 무엇을 하고 있는지, 그들에게 배울 점은 없는지 등은 알 수 없었다. 학교 간 공유와 협력에 학교평가가 아무런 도움이 되지 않은 것이다.

셋째, 학교급 간의 단절이 공유를 어렵게 한다. 우리나라는 초등학교와 중등학교, 또 중학교와 고등학교는 완전 별개의 학교처럼 여겨진다. 학교급을 뛰어넘어서 의미 있는 경험을 함께 만들어 가는 사례가 거의 없다.

학교자율운영 2.0은 학교의 개방, 학교 간 공유와 협력을 중요한 요소로 삼는다. 학교운영이 사회적 폐쇄를 심화하는 것이 아니라 사회 안에 포용과 협력의 기운을 강화하도록 하기 위하여 개방과 공유, 협력이 중요하다. 더 현실적으로는 이미 상당수 학교가 자기 충족적이지 못하다. 학생 수가 급감하는 상황에서 학교 안의 자원만으로 교육 활동을 원만하게 수행할 수 없는 학교가 매우 많다. 학교 간의 공유와 협력이 활발해져야 한다. 이웃 학교들이 함께 모여 공동 실천을 협의하고, 한 지역 내의 모든 학교가 모여 12년의 지역 교육과정을 구성할 수 있어야 한다.

한편, 학교자율운영 2.0 모형은 지역사회 기반의 지역성을 전제한다. 지역성locality이란 학교가 교육을 하면서 지역사회에 바탕을 두고 지역사회와 파트너십을 맺고 동반자적 관계를 형성하는 것이다. 이는 학교를 넘어 지역사회의 기관과 장소가 교육의 터전이라는 관점으로 넘나들며 배우는 것이다. 교육은 학교 내에서만 이루어진다는 폐쇄적 관점을 버리고, 개방적 관점으로 지역사회를 바라보며 관계 맺기를 시도한다. '학습은 교실과 교과서만이 전부가 아니다'라는 생각으로 '지역사회의 마을이 학습의 공간이다'라는 넓은 생각으로 접근하는 것이다. 학생들의 학습이 지역사회에 기반을 둔다는 것은 단순히 지역사회의 체험터를 활용하고 지역의 사람을 학교교육에 활용한다는 차원을 넘어선다. 교과서 안에 갇혀 있는 지식이 아니라 삶과 연결되고 실제의 지역 생활과 결부된 학습을 통해 자신의 세계관을 넓히고 주체적인 학습자가 되도록 하는 것이다. 이는 즉 삶을 '위해', 삶을 '통해', 삶에 '관해' 학습하는 것이다.Hargreaves and Shirley, 2009 지역사회에 대한 관심과 애착을 형성하고 지역사회의 문제와 현안 해결에 대한 관심을 높임으로써 교사와 학생은 지역사회의 주체적 시민으로서 성장하는 기회가 된다. 장기적으로는 개별 학교가 지역사회에 찾아가서 담당자와 일대일로 부탁하는 전통적 방식 그 이상으로 지역사회와 학교들 간에 공공 네트워크가 형성되는 방향을 장기적으로 이뤄 내야 한다. 학교 단독으로 탁월해질 수 없으며 지역사회와 협력하고 공존하는 것이 필요하다.Hargreaves and Shirley, 2009

학교자율운영 1.0은 신공공관리적 학교 변화 접근법으로서 교사에 대한 불신distrust을 전제한다. 교사는 믿을 수 없는 존재이기 때문에 그들을 강제할 수 있는 장치로 선택과 경쟁을 도입하고자 하였다. 궁극적으로 책무성 기제를 도입하여 변화 여부와 수준을 확인하고자 한다. 학교 자율운영 2.0은 사뭇 다른 원리에 근거한다.김용·김혁동·송경오·정바울, 2015 학교자율운영 2.0은 교사에게 책무성이 아니라 책임감을 발동시키는 일을 중요한 목표로 삼는다. 책임감은 신뢰받는 상황에서만 일어난다. 신뢰가 책임감의 전제 조건이라면 민주주의는 책임감을 고양하는 중요한 요건을 형성한다. 한편, 학교자율운영 1.0이 개별 학교 차원의 변화를 기도한 것이었다면, 학교자율운영 2.0은 학교 간, 그리고 학교와 지역사회 간의 연대와 협력, 동반성장을 도모한다. 두 모형의 주요 원리를 요약하면 [그림 Ⅳ-1], [그림 Ⅳ-2]와 같다.

[그림 Ⅳ-1] 학교자율운영 1.0의 원리   [그림 Ⅳ-2] 학교자율운영 2.0의 원리

제 5 장

교육 거버넌스 전환과
한국의 학교자율운영

근래 한국의 학교교육 정책은 크게 변화하고 있다. 오랫동안 국가 주도, 관료 주도의 교육행정을 경험해 온 한국에서 1990년대 중반 이후에 큰 전환이 이루어지고 있다. 1995년의 교육개혁은 학교자율운영이라는 개념을 중심으로 신자유주의적 교육정책이 학교에 대거 투입되는 결정적 계기가 되었다. 교육 운영에서 시장 기제를 작동하도록 한다는 개혁 방향에도 불구하고 이명박, 박근혜 권위주의 정권 아래서는 국가 중심적 권위주의 행정이 한층 강화되기도 하였다. 이후 진보 교육감 등장으로 힘을 얻은 학교혁신 운동과 문재인 정부로의 정권 교체를 계기로 신자유주의적 교육정책이 약화하는 동시에 교사 주도, 교사의 자발성과 전문성 중심의 학교개혁이 가속화하고 있다.

그런데 한국의 학교자율운영과 학교개혁은 세계적 변화 흐름에서 보면 어떤 위치에 있을까? 이 장에서는 세계적 차원에서 교육 거버넌스의 변화를 조망하면서, 한국의 학교자율운영의 위치를 재검토해 보고자 한다.

1.
권한 이양 개혁과
교육 거버넌스

1980년대 서구 선진 국가들에서 이루어진 교육개혁의 열쇳말은 권한 이양devolution과 선택choice이었다.Whitty, Power & Halpin, 1998 권한 이양과 선택 모두 교육에 관한 의사결정의 주체를 변화시키는 일과 관련된 것이다. 국가마다 양상이 동일하지는 않았지만, 중앙정부 또는 지방정부의 권한을 약화하는 대신 학교의 권한을 강화하는 것이 권한 이양 개혁의 핵심이었다. 중앙정부의 권한을 대폭 약화시키면서 지방정부와 학교의 의사결정 권한을 강화한 국가도 있었고(스웨덴), 지방정부의 권한은 크게 약화시켰지만 학교의 의사결정 권한은 대폭 강화한 국가도 있었다(뉴질랜드). 한편, 선택은 말 그대로 학부모의 의사결정 권한을 대폭 강화한 것이다. 공급자 중심 교육을 수요자 중심 교육으로 전환하고자 하는 것이 선택 중심 개혁의 정당 근거였다. 권한 이양과 선택은 교육의 운영 방식을 근본적으로 변화시키고자 하는 것이었다. OECD[1995: 8]는 권한 이양의 목적을 "관리자들에게 금전과 인적 자원 활용에서의 유연성과 자율을 제공하여 결과에 집중할 수 있도록 촉진하는 것"으로 규정하였다.

권한 이양과 선택 중심의 신공공관리론에 입각한 교육개혁은 다양한 주체의 다양한 요구에서 비롯되었다. 한편으로는 국가 실패론을 배경으로 행정의 약화와 일선 학교 조직의 권한 강화, 시장 기제의 강화를 지향하였다. 다른 한편으로는 참여 민주주의를 배경으로 일선 학교에 더 많은 권한을 부여하여 교육을 운영하는 것이 민주주의에 부합하며 효과적이라는 주장도 제기되었다. 뉴질랜드와 영국이 전자의 사례라면, 스웨덴은 후자의 사례다.

그러나 권한 이양이 의도한 것과 같은 양상으로 이루어진 것은 아니다. 권한 이양은 정부 규제개혁 또는 탈규제deregulation와 같은 의미로 사용되었지만, 현실은 국가가 공공 서비스에 대한 통제를 포기한 것이 아니라 새로운 형식의 통제를 확립한 재규제reregulation로 귀결되었다.[Ball, 2008: 43] 즉, 국가가 교육의 투입이나 과정이 아니라 산출을 사후적으로 평가하는 평가 국가evaluative state[Neave, 1988]에서는 국가는 교육제도의 키잡이steersman 역할을 하게 되고, 학교는 산출을 거두기 위하여 효과적으로 움직여야 하는 것이다. 국가는 무대 뒤에서 자신의 모습을 드러내지 않고서도 효과적으로 학교를 조정할 수 있게 되고, 학교는 자율이 아닌 눈에 드러나지 않는 통제를 수용하여야만 한다. 학교는 '수행performance'과 '수익성profitability'이라는 제약과 필요조건 안에 틀 지어진 자유 안에서 권한 위임과 자율을 활용할 수 있다는 의미에서 '통제된 탈통제controlled decontrol'가 이루어졌다고 보는 시각도 존재한다.[Gay, 1996] 현실적으로 영국 교육개혁 과정에서 권한 이양은 학교재정을 학교가 책임지고 확보하고 운용하기 위한 자율을 의미하였을 뿐이며, "성공하기 위한 자유보다는 실패에 대한 비난을 위한 것처럼 보일 때가 있다"Whitty, Power and Halpin, 1998: 12고 비판적 평가를 받기도 한다.

권한 이양 개혁은 교육에 관한 의사결정의 주체와 교육 운영 방식의 변화를 동시에 의미하는 개혁이다. 오늘날 거버넌스governance라는 개념으로 이를 포착하고 있다. 거버넌스는 "어떤 집단이나 조직 전체의 문제를 해결하기 위한 사회적 조정 양식"Rhodes, 2000으로 정의되기도 하고 "조직 공동의 문제 해결을 위한 다양한 참여 주체의 사회적 조정 방식"이종재·이차영·김용·송경오, 2012: 191으로 정의되기도 한다. 근래 거버넌스라는 말이 널리 쓰이는 것은 사실이지만, 그 뜻을 간명하게 살펴보기는 쉽지 않다. 여기서는 거버넌스를 "누가, 무엇을, 어떻게 다스릴 것인가who governs what and how?"라는 질문으로 집약하고자 한다. 즉, 교육 거버넌스라고 하면, 다스림의 대상이 되는 교육과정, 교원인사, 교육재정 등이 있을 수 있는데, 이것들을 운영하는 주체가 국가일수도 있고, 전문가인 교사일 수도 있으며, 학부모일 수도 있다. 즉, 교육과정을 예로 들어 말하자면, 국가가 교육과정을 결정하고 교사들은 단지 이를 실행하는 역할만 하는 경우는 국가가, 교사들이 자유롭게 교육과정을 결정하여 수업하는 경우는 교사들이, 그리고 학부모들의 요구에 응하여 교사들이 교육과정을 운영하는 경우는 학부모들이 교육(과정) 운영의 주체가 된다고 할 수 있다. 이렇게 교육 운영의 주체가 누구인가는 교육 운영의 방법과 매우 긴밀하게 관련된다. 국가 주도적 교육 운영을 국가 통제state control 또는 국가 통제에서 실제로 일을 하는 사람들은 관료들이기 때문에 관료 통제bureaucratic control, 민주주의 국가에서 대통령을 정점으로 한 관료들은 민주적으로 선출된 사람들에 의한 운영이라는 점에서 민주적 통제democratic control라고도 불린다. 그리고 전문가인 교사들이 교육 운영에서 중요한 의사결정을 하는 경우는 전문가 통제professional control, 학부모들이 주도권을 행사하는 경우는 흡사 시장의 운영과 비슷하다고 하여 시장 통제market control라고 불린다. 아래에서는 신공공관리 개혁 과정에서 교육 거버넌스의 변화를 미국과 영국의 사례를 통해 확인해 본다.

미국과 영국의 교육 거버넌스 개혁

1980년대 이후 미국 교육개혁에 가장 중요한 영향을 끼친 책을 하나 들라면 처브Chubb와 모Moe[1990]의 것을 들 수 있다. 그들은 미국 학생들의 학업성취 수준이 매년 낮아지고 중도 탈락 학생이 증가하는 등 미국 교육의 문제가 심각해지는 상황에서, 통상적인 교육개혁 즉 연공서열 대신 교원성과급을 도입하거나 교사 자격 기준을 강화하거나 마그넷 학교Magnet School와 같은 특별한 학교를 설립하는 등의 노력은 실패로 귀결될 가능성이 농후하다고 주장하였다. 그들은 미국 교육문제의 원인이 교육에 대한 직접 민주적 통제direct democratic control 제도 자체에 있다고 보았다. 이런 교육 운영 방식은 겉보기에는 학부모들이나 지역 주민들의 요구에 매우 반응적으로 보이지만, 실상은 정반대의 결과를 만들어 낸다는 것이다. 교육위원회와 교육장을 정점으로 하는 민주적 통제 제도는 교육문제를 해결할 수 없다. 이들 자신이 바로 문제를 만들어 내는 원천이기 때문이다. 처브와 모는 더 좋은 학교를 위한 핵심은 민주적 통제 제도를 개혁하는 것이라고 주장한다. 이들은 다음과 같이 주장한다.

흔히 미국의 공교육제도를 "유일한 최상의 체제one best system"Tyack, 1974라고 하는데, 이런 제도를 설계했던 개혁가들은 분파주의나 계몽기 초기의 정당 기계들party machines에 대하여 승리하여 효과적인 교육과 합리적인 학교 체제를 수립하고자 하는 일에 헌신해 왔다. 그들 스스로는 자신들이 만든 체제는 관료적이고 전문가적인 것으로서, 교육을 정치에서 뽑아내서 공익에 봉사하는 불편부당한 전문가들의 손에 놓아둔 것이라고 정당화하였다.

이 체제는 현실적으로 승자와 패자를 만들었다. 기업, 중산층, 교육전문가(교사)들이 승자다. 특히 교사들이 관료적 체제를 운용하기 때문에 가장 큰 승자다. 반면 하층, 소수 민족, 소수 인종, 농촌 지역 주민들은 패자다. 낮은 학업성취를 비롯한 여러 가지 미국 교육의 문제가 거듭 제기되어 왔지만, 변한 것은 없다. 연방 교육부, 주 교육부, 지역 교육청으로 이어지는 교육 운영 제도와 그와 연관되어 기득권을 형성하고 있는 집단들-교원노조, 교장회, 학교운영위원회, 교육행정가, 사범대학, 입시 회사 등-이 현상을 유지하고 싶어 하기 때문이다.

미국 교육 체제는 지나치게 관료적이어서-너무나 위계적이고, 규칙을 따를 것만을 강조하며 너무도 형식적이어서- 교사들의 자율성과 전문성을 허용하지 못한다. 그리고 학교를 이렇게 운영하도록 하는 특정한 정치 체제가 바로 이런 과도한 관료화를 촉진하고 보호한다. 처브와 모는 자신들의 주장을 실증하기 위하여 공립학교와 사립학교를 비교하였다. 공립학교가 민주적 통제 아래 있는 데 비해, 사립학교는 시장 기제로 작동한다. 민주적 통제는 공적 권위에 근거하는데, 민주주의는 본질적으로 강제적이다. 다수의 결정에 소수가 따라야 하기 때문이다. 시장에서도 공적 권위는 중요하지만, 시장에서는 권위가 급진적으로 분산적이다. 개별 학교가 무엇을 어떻게 가르칠 것인가를 결정하고 학부모와 학생은 어떤 학교에 갈지를 선택하기 때문이다. 시장에서는 모든 사람이 자신을 위한 결정을 할 수 있다. 시장은 여러 가지 이유로 옹호된다. 교육은 사람들 사이의 관계와 상호 교섭에 관한 활동이므로 거의 모든 자원이 학교에 이미 있다. 상급 교육행정기관이 학교에 기여할 수 있는 것은 그다지 많지 않다. 학부모, 그리고 학생과 매일 만나는 교사와 학교장이 교육장보다 더 교육 요구에 민감하다. 교사와 학교장은 개별 학생 한 사람 한 사람을 더 인간적으로 만날 수 있다. 학교장이 시장이나 교육장이 세워 둔 목표-그것은 그 학교 학생이나 학부모의 요구와 무관한 것일 수 있다-를 추구하다 보면, 자율의 이점이 약화한다.

따라서 학교에 대한 직접적인 민주적 통제는 제거되어야 한다. 학교에 막강한 권한을 행사해 온 사람들은 항구적으로 그 권한을 포기하고, 대신 학교와 학생과 학부모들에게 권한을 부여해야 한다. 학교는 법적인 자율 기관이 되어야 한다. 학교 스스로 목표를 수립하고, 프로그램과 방법을 정하고, 학교 조직을 설계해야 한다. 학생을 선발하고 교직원 인사를 할 수 있어야 한다. 학부모와 학생들은 그들의 적극적 관여와 잘 안내된 의사결정과 공정한 대우를 촉진하고자 설계된 제도의 도움을 받아서 여러 대안적 학교들 가운데 선택할 수 있어야 한다.

이상이 처브와 모 주장의 대강이다. 요약하면, 이들은 민주적 통제에 터한 교육 운영 방식을 시장 통제 방식으로 전환하는 일이 미국 학교개혁의 방향이 되어야 한다고 주장한다. 그들의 주장은 실제로 많은 주에서 실현되었다. 교육행정기관의 통제를 받지 않는 새로운 유형의 자율학교가 많이 만들어졌다. 협약학교charter school 운동이 대표적이다. 또한 학부모의 학교 선택권을 획기적으로 강화한 주도 여럿 나타났다.

한편, 영국 교육은 1980년대 초반까지만 해도 지역 교육청Local Edu-cation Authorities: LEAs에서 공립학교 교육을 관할해 왔다. 지역 교육청은 1902년 설립된 후, 국가의 공적 재정을 모든 학교로 배분하는 역할을 수행했다. 본래 복선형 학제를 채택해 온 영국에서 '모든 이를 위한 보편 교육'이 정치적 의제로 등장하면서, 1971년에는 36%에 그쳤던 공립학교가 1986년에는 93%까지 확대되었다.Walford, 199 그런데 1979년 선거에서 개인의 경쟁력을 강조하고 "개인만 존재할 뿐 사회 따위는 없다"고 한 대처Thatcher가 이끄는 보수당이 승리하면서 극적인 변화가 시작되었다. 영국 정치의 전면에 등장한 뉴라이트New Right들은 영국 교육이 공급자 포획provider capture 상태에 있음을 들어 공공 서비스를 민영화하여 과도한 국가 통제에서 해방하는 일을 강조하였다. 교육정책에서는 지금까지 지역 교육청의 지배 아래 있던 대다수 학교를 자율적으로 운영되는 일종의 '사적' 기관처럼 변화시키는 일을 정책 목표로 설정하였다. 교사 보수나 근무 조건도 교육 시장에서 결정하는 일이 바람직하다고 보았다.Demaine, 1993

영국 정부는 구체적인 정책 수단으로 중앙정부 재정 지원 학교 Grant-maintained school를 도입하였다. 이 학교는 학부모가 투표로 지역 교육청의 관할에서 학교를 '탈퇴'할 수 있도록 하고, 그 대신 중앙정부가 학교에 직접 재정을 지원하고, 학교는 자율운영을 하는 것이다. 또 학교자치 운영Local Management of Schools: LMS 정책을 채택하였는데, 이는 학교장이 지역 교육청의 재정 통제에서 벗어나 학교장과 학교운영위원장이 학교재정을 직접 통제할 수 있도록 한 것이었다.Whitty, 2002 이들 학교에는 개방 입학 제도를 운영하여, 학교가 학생을 유인할 수 있도록 하고, 입학생 수에 따라 재정적 차이를 발생시키도록 하였다. 한편으로는 학생과 학부모의 요구에 학교가 더 직접적으로 반응할 수 있도록 하는 체제를 만드는 것이었고, 다른 한편으로는 노동당이 주도하는 지방정부와 학교를 절연시키려는 일이었다.

영국의 경우는 한편으로는 학교의 자율성을 강화하고 정부 규제를 해체하는 탈규제deregulation 정책이었으나, 다른 한편으로는 지방정부의 학교 통제를 약화하는 대신 중앙정부의 학교 통제를 강화한 centralization 정책이었다.

2.
국제 교육 거버넌스와
유동 개혁

오랫동안 교육정책은 한 국가 내의 사회 정책이었다. 한 국가의 구성원들이 교육정책의 방향을 결정할 뿐, 국가 외부 존재가 교육정책 과정에 관여하는 일은 흔하지 않았다. 그런데 1990년대 이후 교육정책에는 중대한 변화가 계속되고 있다. 국제기구를 중심으로 초국가적 수준의 교육 의제가 제안되고, 그 의제를 자발적으로 수용하는 방식으로 영향을 받는 국가들이 확산되고 있다. 이제 교육정책은 한 국가의 정책이라기보다는 국제적 장에서 전개되고 있다.

앞에서 살펴본 교육 거버넌스 전환이 국제기구의 활동과 깊이 관련되어 있음은 두말할 나위가 없다. 사실 국제기구의 영향은 이미 오래전부터 존재하였다. 예를 들어 UNESCO에서 '평생교육'의 중요성을 제안한 것은 이미 1960년대의 일이었다. 이후 평생교육 개념은 세계 여러 나라로 확산하였고, 한국은 1980년 헌법 개정 시에 "국가는 평생교육을 진흥해야 한다"는 조문을 포함하기에 이르렀다. 세계은행 World Bank 등은 일찍부터 저개발 국가에 교육 지원을 하고 교육정책에 컨설팅을 해 오고 있다.

1990년대 이후 국제기구의 활동은 질적으로 변모한다. OECD의 역할이 두드러지는데, OECD는 '비교'라는 방법을 적극 활용하여 각국의 교육정책에 적극적으로 관여하기 시작했다.Henry, Lingard, Rizvi and Taylor, 2001 경제협력개발기구인 OECD는 1961년 창립 당시부터 1990년대 초까지는 교육이 주된 사업이 아니었다. 교육은 단지 경제 발전을 위한 '곁가지 역할inferred role'을 했다. 당시에는 경제를 발전시킬 수 있는 지식 노동자 양성을 지원하기 위하여 수학교육과 과학교육을 강화할 필요라는 관점에서만 교육을 보았다. 1968년에 연구혁신센터 Center for Research and Innovation: CERI를 설립하고, 1971년에는 교육위원회Education Committee를 둔 것도 이런 이유에서였다.Henry, Lingard, Rizvi and Taylor, 2001

그러던 중에 1980년대 중반부터 각국의 각종 자료를 비교한 자료를 만들어야 한다는 주장이 미국을 중심으로 제기되었고, 1988년에는 연구혁신센터CERI 운영위원회에서 「교육 체제 지표Indicators of Education System: INES」 사업을 시작했다.Rizvi and Lingard, 2009 교육 체제 지표INES 사업은 각국의 교육 관련 통계 자료를 비교한 사업으로서 오늘날『한눈에 보는 교육Education at a Glance』이라는 자료로 만들어져서 세계 여러 국가의 교육정책 수행의 근거가 되고 있다. 1997년에는 국제학업성취도비교평가PISA 프로젝트를 시작하였다. 각국 학생의 학업성취 수준을 비교 평가하는 PISA는 OECD의 위상을 극적으로 강화하였다. PISA를 중심으로 OECD의 교육정책 사업은 확장일로에 있다. 평가의 범위가 확장되고, 평가 참여 국가가 확대되고 있다. PISA와 관련된 다양한 평가와 결합하여 설명력을 높여 가고 있다. 우선, 인지적 영역의 평가뿐만 아니라 '기술skill'로 간주되는 비인지적 영역도 평가하고 있다. PISA는 당초에는 OECD 회원국 대상의 시험이었으나, 개발도상국가를 위한 새로운 형태의 시험을 시작하고 있다.PISA-D 또 PISA 결과와 교수 학습 국제 조사Teaching and Learning International Survey: TALIS 결과를 결합하여 학생 성취를 교수 환경과의 관계에서 이해해 보고자 하고 있다.Lingard and Sellar, 2016

오늘날 OECD는 "문제를 정의할 뿐만 아니라 해결책을 제안한다. … 각종 통계 지표를 생산하면서, OECD는 각국 교육정책의 의제 형성에서 정책 형성, 그리고 집행에 이르기까지 교육정책의 전 과정에서 중요한 지위를 확보하였다."Jakobi and Martens, 2010: 176 OECD는 1970년대 이후 특수교육, 다문화교육, 참여교육, 평생교육 등을 회원국의 교육제도로 만들어 냈다.Mundy & Ghali, 2009: 719 OECD는 각국 교육에 관한 비교 지표Education at a Glance를 통해 각국 교육에 '원거리 조정steering at a distance'을 해 오고 있으며, OECD의 위상을 크게 높인 PISA를 통해 국가 간 경쟁과 정책 차용을 효과적으로 촉진하며 '수에 의한 통치governing by numbers'를 강화하고 있다.Henry, Lingard, Rizvi, and Taylor, 2001; Sellar & Lingard, 2014 OECD는 인식론적 공동체epistemological community 공간을 형성하고, 정책 제언과 같은 부드러운 힘soft power을 행사하여 온 지구를 측정하고 계량하여 비교 가능한 공간으로 만들고 있다. 그리하여 지구의 교육 체제를 통치governing하기 쉬운 공간으로 변화시켜 가고 있다.Lingard and Rawolle, 2011 물론, OECD와 같은 국제기구의 영향이 일방적인 것은 아니다. 각국은 고유한 교육의 제도적 배경 institutional setting이나 정치 주체의 활동에 따라서 국제기구의 제안을

선택적으로 수용하고 있다.Martens, Knodel, and Windzio, 2014

어느덧 OECD는 세계 교육의 선교사와 같은 위치에 서서 OECD의 정책 권고는 세계 곳곳을 유랑하고 있다. 사실상 세계 여러 국가에서 추진되고 있는 교육개혁은 OECD 등 국제기구가 주도한 유동 개혁travelling reform과 다름없다. 한국의 1995년 5·31 교육개혁은 한국 교육이 OECD의 유동 개혁과 접합하여, 글로벌 교육정책의 장Global Education Policy Field: GEPF에 편입된 계기였다.김용, 박대권, 2018

새삼 강조하지만, 과거라면 교육정책은 당연히 국가 내적 정책으로 여겨졌지만, 이제는 교육정책의 국제화internationalization of education policy가 눈에 두드러진 현상이 되고 있다.Martens, Knodel, and Windzio, 2014 한 국가만이 전적으로 교육정책을 수립, 집행, 평가하는 것이 아니라 국가 밖에 있는 다양한 정책 주체가 지구적 차원에서 교육정책 과정에 개입하는 전 지구적 교육 거버넌스Global Education Governance가 구축되고, 각국의 교육정책은 그 안에서 작동하고 있다.손준종, 2014

앞에서도 언급한 것처럼, 교육정책의 국제화를 추동하는, 또는 전 지구적 교육 거버넌스를 작동하도록 하는 주체는 국제기구International Organization: IO이다. 국제기구는 세계 여러 국가의 교육정책 변화를 추동하고 있다.Nagel, Martens and Windzio, 2010 국제기구는 일종의 인식 공동체Epistemic Community로서 기능한다. 인식 공동체는 어떤 규범 또는 원칙을 지향할 것인가, 무엇을 문제로 볼 것이며 그 문제에 어떻게 대응할 것인가, 문제-처방의 인과관계의 타당성을 어떤 기준으로 평가할 것인가에 관한 공유가 이루어지고, 그것을 배경으로 공동의 실천을 가능하도록 하는 플랫폼과 같은 것이다.Haas, 1992 오늘날 국제기구는 여러 국가의 교육 관계자들이 모여서 함께 교육문제와 그 해결책을 논의하는 초국가적 의사소통transnational communication의 장이 되고 있다.

그런데 국제기구가 각국의 교육정책에 영향을 끼치는 방식은 강압적이거나 가시적이지 않다. 오히려 매우 부드럽고 말랑말랑하며 비가시적이다. 국제기구는 초국가적 의사소통과 가맹 국가들 사이에 자발적 경쟁 압력을 유발하는 연성 거버넌스soft governance를 통해 각국에 영향을 미친다.Bieber, 2016 외국의 좋은 사례를 소개하고 각국이 그 사례에서 교훈을 찾도록 하거나 국가 간 비교 평가를 시행하고 그 결과를 공표하여 국가 간 경쟁을 유발하는 방식이 국제기구에서 흔히 활용된다.

국제기구가 각국의 교육에 끼친 영향은 여러 가지 각도에서 논의되고 있다. PISA 이후 핀란드 교육이 여러 국가에 확산되는 것처럼, 최고의 실천best practice 사례를 세계적으로 확산하는 데 기여했다는 평가가 있는가 하면, 신자유주의 교육정책 세계화의 첨병이었다는 비판적 평가도 존재한다.Henry, Lingard, Rizvi, and Taylor, 2001; Sellar & Lingard, 2014 핀란드의 경우 국제기구를 중심으로 한 세계교육개혁운동Global Education Reform Movement: GERM의 방향에 거스르는 독자적인 교육 방식을 채택하여 교육의 성공을 이루었으나 외국에서 이를 수입하는 역설을 초래하기도 하였다.Sahlberg, 2010; 2016 어느 쪽이든 OECD가 세계 여러 국가에 유사한 정책을 제안하였으며, 그 과정에서 유사한 교육정책이 세계적 차원에서 확산하는 유동 개혁이 촉진되고 있다는 사실은 분명하다.

3.
수에 의한 통치와 비교, 그리고 증거 기반 의사결정

그렇다면 OECD를 필두로 한 국제기구가 주도하는 유동 개혁은 각국의 교육을 어떻게 바꾸어 놓고 있는가? 세계 여러 국가는 교육 운영 방식에 상당한 변화를 경험하고 있는데, 그 핵심은 수행성에 터한 수에 의한 통치와 비교, 그리고 교육의 데이터화와 증거 기반 의사결정으로 요약할 수 있다.

철학자 리오타르Lyotard, 1979는 포스트모던 사회에서 나타나는 바람직하지 않은 현상 중 하나로 도구적 이성instrumental reason을 보편화하려는 경향과 모든 담론적 실천을 무차별적으로 효용성 또는 수행성performativity이라는 단일한 판단 기준에 따르도록 하는 경향을 들고 있다. 수행성 문화에서는 학문 활동의 목표가 진리 추구에서 가장 작은 자원을 투입하여 가장 많은(좋은) 결과를 산출하는 일, 눈에 드러나게 쓸모있는 일을 하는 것으로 바뀐다. 수행 기준이 강조되면 학문 연구라는 실천을 왜곡하며 담론 형성의 다양성을 파괴한다. 이와 같은 현상은 교육에서도 유사하게 일어난다. 학교교육의 오랜 목표는 전인교육이었지만, 수행성 문화에서는 이 목표는 뒤로 밀려나고 가시적이고 곧바로 활용 가능한 힘을 기르는 일이 앞자리를 차지한다. 오늘날 여러 국가의 교육 운영에서 수행성 기준이 매우 효과적으로 활용되고 있다. 막연한 전인교육보다는 학생들이 바로 활용할 수 있는 힘을 길러 주어야 하며, 그 힘은 가시적으로 드러나야 한다는 주장은 이미 상식이 되었다.

이런 배경에서 국제적 수준의 교육 거버넌스에서 수에 의한 통치governing by numbers가 두드러진다. 수(등위), 순위, 통계와 같은 수행성 기술들이 교육 운영에서 매우 적극적으로 활용되고 있다.Lingard, 2011 오랫동안 교육의 성과는 장기간에 걸쳐 나타나며 눈에 금방 드러나는 것이 아니라고 생각해 왔지만, 수는 교육 성과를 외현화한다. 수행성 문화에서 교육의 목적은 생산 활동에 종사할 수 있는 능력을 기르는 일로 단순화하며, 이 능력은 가시적으로 확인할 수 있는 것으로 관념된다. 이 능력을 실증적으로 확인하기 위한 장치로 활용하고 있는 것이 국제 수준의 학업성취도 비교 평가, 즉 PISA다. 오늘날 PISA 순위는 각국의 학생들의 성취 수준뿐만 아니라 교사들은 물론 학교의 능력마저도 표상한다. 오늘날 각국의 교육은 '수'로 표현된다. 학생의 학업성취, 교사의 능력, 국가의 교육 수준은 모두 점수와 순위, 등급과 같은 '수'로 표현된다.

'수'로 표현되는 교육은 교육 운영을 변화시킨다. 로즈Rose, 1999: 197는 "통치 기술로서 수는 명백한 정치적 힘을 가진다"고 말한 적이 있다. '정치적인 숫자'에 관하여 매우 흥미로운 주장을 한 그는 수와 정치는 상호적이며, 서로를 구성한다고 말한다.198 정치가 무엇을 측정할 것인지, 어떻게 측정할 것인지, 얼마나 자주 측정할 것인지뿐만 아니라, 그 결과를 어떻게 해석할 것인지까지도 결정하기 때문에 사회적 양화量化 행위는 정치화한다. 둘째, 수는 일종의 각인 장치inscription device로서 정치의 영역을 수적으로, 다시 말하여 계산과 숙고의 활용이 쉬운 형식으로 구성한다.[198] 마지막으로, 어떤 의사결정을 공평무사한 것으로 만들어 버리는 객관성의 기술의 일부로서 수는 때로 정치적 판단의 영역을 비정치화한다.[199]

PISA와 같은 국제학업성취도평가 결과 또는 여러 국가에서 치러지고 있는 국가 수준 학업성취도평가가 활용되는 과정에서 위와 같은 사실을 생생하게 경험할 수 있다. 성취도평가는 교육 활동의 결과를 매우 제한된 특정한 관점에서 평가하는 것이며, 무엇을 평가할 것인가는 정치의 영역에서 결정된다. 그리고 성취도평가 결과는 곧 교육 활동의 결과로 등치된다. 수로 표현되는 교육 활동의 결과는 곧장 비교를 가능하게 하며, 비교에 근거하여 평가할 수 있도록 한다. 국가 수준 학업성취도평가 결과 발표 후에 지역 간, 학교 간 비교와 판단이 이루어졌던 사실이 이를 잘 보여 준다. 근래에는 PISA 결과가 국가 간 경쟁을 부추기고, 민족주의의 부활을 추동하고 있다는 지적까지 이루어지고 있다. 한편, 국가 또는 지역이나 학교 순위로 표현되는 표준화 시험 점수는 교육 불평등이 지속되고 있다는 사실을 흐릿하게 하고 성취 격차의 원인과 교육 공평성과 사회적 불평등 사이의 관계를 둘러싼 많은 심오한 질문을 차단한다는 비판이 제기되기도 한다.Routledge, Anagnostoplous and Jacobsen, 2013 또 PISA나 다른 국제적 평가가 평가해야 할 것을 평가하기보다는 평가할 수 있는 것이나 (상대적으로) 평가하기 쉬운 것을 평가하고 있다는 점에서 위험하다는 비판도 이루어지고 있다.Torrance, 2006: 825 많은 국제적 평가가 협소한 학업성취를 평가할 뿐, 인간성과 시민 참여와 같은 것은 평가하지 않는다는 비판도 이런 맥락에서 제기되는 것이다.

이와 같은 비판에도 불구하고 교육 활동의 결과를 수로 표현하고, 그 결과에 따라 교육을 평가하고, 또 교육 운영 방식을 바꾸는 흐름은 세계 여러 국가에서 강화하고 있다.

한편, 비교comparison는 국제 수준 교육 운영의 또 하나의 기초가 되고 있다.Nóvoa and Yariv-Mashal, 2013 수로 표현되는 교육 성과는 비교에 적합하다. 그리고 수로 표현된 비교 가능한 자료는 '국제적 무대global spectacle'를 만들고, 교육정책의 개념을 새롭게 형성한다. PISA 결과가 발표된 후, 여러 국가의 교육정책에 영향을 끼치거나 국가가 자발적으로 교육정책을 전환한 사례는 이를 잘 보여 준다. PISA 결과가 좋았던 핀란드와 같은 국가는 한 순간에 세계 여러 국가가 주목하고 지향하는 모델 국가가 되고, 여러 국가는 '최고의 실천 사례best practice'를 모방하고자 한다. 결과적으로 여러 국가의 교육정책이 한 가지 방향으로 수렴되는policy convergence 현상이 나타난다.Andere, 2008 과거에는 각국의 교육정책가들이 '국내적 눈national eye'만을 의식하면 되었지만, 이제는 국제 비교 결과를 고려하여 '국제적 눈global eye'도 의식하지 않으면 안되는 상황이 되었다.Lingard, 2011

특히 오늘날은 데이터 관련 기술이 발전하여, 학생의 성장 과정을 명확하게 수로 표현하는 시스템이 개발되어 있으며(예: student information system: SIS), 네트워크 기술과 데이터베이스의 발달로 여러 학교의 성과를 눈에 드러내고 비교할 수 있다.Ozga, 2009; Ozga et al.,

2011 이런 기술의 발달로 복잡한 교육 영역이 산술 가능한 일로 변환되고 있으며, 인간의 학습 과정이 '알 수 있고', '측정할 수 있는' 것으로 되었다.^{Fenwick, Mangez, and Ozga, 2014; Willamson, 2014} 영국에서는 유치원 아이부터 매년 시험 결과를 통해 학생의 성장 과정을 추적해 가는 데이터베이스가 구축되어 활용되고 있으며^{Roberts-Holmes and Bradbury, 2016}, 우리가 지난 시기 경험한 국가 수준 학업성취도평가 결과는 학교교육의 변화 과정을 판단할 수 있는 자료를 제공하기에 충분했다.

사실상 데이터와 비교는 오늘날 교육 운영 방식을 변화시키는 두 가지 핵심 요소가 되고 있다. 데이터가 없이는 비교할 수 없고, 비교할 수 없으면 통제할 수 없기 때문이다.^{Ozga, 2009} 세계 여러 국가는 교육 활동의 결과를 수라는 형식의 데이터로 표현하고, 그것을 다른 학교나 지역, 국가와 비교하면서 자신들의 교육을 판단하고 평가한다. 이와 같은 교육정책 결정은 증거 기반 의사결정evidence-based policy-making이라는 이름으로 여러 국가에서 추구되고 있다. 증거 기반 의사결정은 교육의 산출물에 관한 '명확하고' '객관적인' 자료에 근거하여 교육의 방향을 결정하는 방식으로 활용된다.^{Anagnostopoulos, Routledge, Jacobson, 2013} 요약하면, 서양 여러 국가에서 데이터 기반 기술이 비교 가능한 데이터와 결합하여 거버넌스 전환governance turn을 이끌고 있다.

교육의 데이터화, 수로서의 정책policy as numbers, 비교는 공교육을 다시 정의하고 있다는 사실에 주목할 필요가 있다. 데이터 기반 기술은 일종의 감시 체제로 작동하고 있으며, 비교는 그것 자체만으로 관련된 사람들의 자기 규제를 불러온다는 사실에 유의해야 한다.Anagnostoplous and Bautista-Guerra, 2013 국가 수준 학업성취도평가를 치를 때, 학교의 교사와 교장은 자신들의 교육 활동에 관한 외부의 난폭한 평가에 완전히 노출되어 있었고, 다른 지역이나 학교와의 비교를 의식하여 자신이 의식하지도 않은 사이에 자신의 교육 실천을 바꾸어 가기도 했다. 볼Ball 2003은 수로 표현되는 교육 결과와 비교를 통해 교사들에 가해지는 압력을 '수행성의 테러terror of performativity'라고 표현하기도 했다. 한마디로, 새로운 교육 거버넌스에서 교육은 데이터베이스에 이끌린 과정을 활용하여 더 너른 지구적 정책 경쟁에서 비교 가능한 증거로서, 그리고 새로운 교수법을 만들어 내는 자기 규제적 체제 self-regulating system가 되고 있다.Williamson, 2014: 220

4.
교육 거버넌스 전환의 교차:
한국의 학교자율운영과 과제

　한국은 오랫동안 관료 통제 방식으로 교육을 운영해 왔다. 국가교육과정의 두께는 국가가 정한 교육과정의 상세함을 상징하였고, 그만큼 교사들의 교육과정 운영의 권한이 제약되었음을 보여 준다. 학교운영 역시 매우 많고 복잡한 내용의 법령에 근거하여 이루어지고 있으며, 그만큼 학교자율운영의 여지는 협소하다. 이처럼 관료 통제 방식의 교육 운영에 변화가 시작된 것이 1995년의 교육개혁이었다. 교육 운영에 시장 원리를 도입하고, 학교자율운영을 통해 교육 운영 방식을 근본적으로 바꾸고자 하였다. 교원평가, 성과급, 학교정보공개, 학업성취도평가 등 이른바 신자유주의 정책 패키지가 차례로 학교에 제도화되었다. 그러나 엄밀하게 말하면, 한국의 교육은 신자유주의 정책을 본격적으로 경험하지 않았다고 할 수 있다. 학업성취도평가는 교원 보수나 평가와 직결되지 않았으며, 학생의 학교 선택권은 여전히 제한되었다. 이런 상황에서 이명박 박근혜 정부 시기에는 과거의 권위주의적 교육행정이 되살아나면서 교육 운영 방식이 다시금 관료 통제 방식으로 퇴행하기도 하였다.

2000년대 들어 교사 주도의 학교 변화 운동이 형성되기 시작했다. 정진화, 2014 이들은 학교 안에 학습공동체를 조직하고, 교사뿐만 아니라 학생과 학부모의 학교 참여를 진작하였으며, 교육 활동에 관한 근원적 성찰을 통해서 학교를 바꾸어 나갔다. 이런 흐름이 교육감 직선제와 결합하면서 '진보' 교육감 탄생으로 이어졌다. '진보' 교육감은 학교 혁신 흐름을 전면화하는 선순환 구조가 만들어졌다. 특히 2014년 진보 교육감의 대거 당선과 2017년 대통령선거 이후 학교운영의 자율성, 교육과정 및 평가 운영에서 교사의 권한 확대를 지향하는 흐름이 한층 강화하고 있다. 이렇게 보면, 한국의 교육 거버넌스는 관료 통제라는 기존의 운영 방식 위에서 한동안 의사擬似 신자유주의적 운영 방식을 경험하다가 이제 전문적 통제를 강화하는 방향으로 전환하고 있다고 할 수 있다. 이런 교육 거버넌스의 변화 방향은 앞에서 살펴본 영국이나 미국 등 국가들이 전문적 통제에서 시장 통제 방식으로 교육 운영 방식을 전환한 것과 반대라고 할 수 있다. 교육 거버넌스의 교차 현상이 나타나고 있는 셈이다.

시계추가 좌우로 움직이는 것처럼 교육 운영 방식 역시 변화하는 것은 자연스럽고 바람직하다. 서양 국가들이 오랫동안 전문적 운영 방식을 채택하다가 나름의 문제에 직면하여 시장 운영 방식을 도입한 것처럼, 한국의 교육은 그동안 관료 통제 방식의 문제점을 충분히 경험하였기에 교육을 전문적으로 운영하는 방향으로 전환하는 일은 필요하며 바람직하다. 그러나 전문적 교육 운영 방식 역시 절대 선은 아니기 때문에, 변화를 도모하는 지금 시점에서 가능하면 문제를 줄이고 효과를 높이는 방향으로 교육 거버넌스를 전환하는 일이 중요하다. 이런 점에서 근래 나타나는 현상 가운데 검토가 필요한 것을 제기하고 자 한다.

근래 신자유주의 개혁에 관한 교사들의 거부감이 상당한 상황에서 신자유주의적 질 관리neoliberal quality control 기제를 해체하는 일에 관심이 높다. 이미 학업성취도평가는 표집 평가로 전환되었고, 여러 교육청에서 학교평가를 자율평가로 전환하였다. 교원평가와 교원성과급을 폐지해야 한다는 주장은 계속되고 있다. 신자유주의 질 관리 기제가 학교에 끼친 해악을 시정해야 한다는 주장에는 일리가 있다. 그러나 근래의 변화에 심각한 문제를 제기하고 싶다.

많은 교사들이 신자유주의 교육 운영을 종식하고, 교육 운영에서 전문적 통제professional control를 구현하자고 한다. 교사들의 교육과정 자율성과 평가 자율성을 보장해야 한다거나, 학교자율운영을 신장해야 한다는 주장은 이런 맥락에서 이루어지고 있다. 그런데 교육에 대한 전문적 통제를 한다고 해서 필연적으로 교육 질에 관한 관심을 배제해야 하는 것은 아니다. 오히려 과거의 영국과 같이 전문적 통제를 경험한 국가의 사례를 반추해 보면, 교육 질에 관하여 무관심한 채로 전문적 통제를 구가할 때 나타날 수 있는 문제점, 즉 교사 공화국teacher republic의 출현 가능성을 경계할 필요가 있다. 어떤 점에서 영국의 신자유주의 교육개혁은 왜곡된 전문적 통제가 초래한 것이었다고 평가할 수도 있다.

1995년 교육개혁이 초래한 중요한 결과 중 하나는 교육 불평등이 심화했다는 사실이다. 학교 서열화로 대표되는 교육 체제는 평준화 이전의 불평등 상태로 교육을 되돌려 놓았다. 교육 불평등 문제를 정면에서 제기하고, 이를 시정하고자 하는 것은 현 국면에서 모든 교육 실천가들의 중요한 과제다. 학업성취도평가가 '일제고사'라는 이름으로 교육 현장에 숱한 해악을 끼친 것은 사실이지만, 학업성취도평가를 치르고, 그 결과를 깊이 분석하여 교육 불평등의 실체를 여실히 드러내고, 불평등을 시정하기 위한 사회적 합의를 모아 내는 일은 지금 국면에서 매우 중요하다. 학업성취도평가를 반드시 전집 평가로 치를 필요는 없지만, 표집 평가로 치르더라도 그 결과를 깊이 분석하고 학생들의 학업성취 정도를 들여다보는 일은 중요하다. 하지만 성취도평가를 표집 평가로 전환하면서, 동시에 평가 결과에 무관심해진 것이 사실이다. 오늘날 교육청에서 표집 평가로 치러지는 학업성취도평가 결과를 분석하고, 그 결과를 교육청 정책에 반영하고자 하는 노력은 매우 미미한 수준에 그치고 있다.

이런 관점에서 학교의 변화를 주도하는 일부 인사들의 '낭만주의적' 경향에 관하여 심각한 검토가 필요하다. 낭만주의자들은 지식교육, 시험, 평가, 석차 등에 대해 강한 혐오를 드러낸다. 이런 경향은 학업성취도평가를 대하는 일부 교사들의 태도와 깊이 관련되어 있다. 그런데 지식교육과 시험 등은 과연 배척하기만 해야 하는 것일까? 교육감 선거에서 보수 진영 후보자들은 진보 진영 후보자들에게 '기초학력'에 관한 문제를 곧잘 제기한다. 이 경우 상당수 진보 진영 후보자들은 이 질문에 정면으로 대응하지 않는다. 오히려 '새로운 학력'이니, '미래학력'이니 하는 표현을 동원하여 기초학력 문제를 회피하는 경향을 보인다. 진보 진영이 추구하고자 하는 새로운 학력도 '기초학력' 위에서 가능한 것이다. 그런데 왜 기초학력 문제가 제기되면, '놀이 교육이 중요하다'는 식으로 문제를 우회하려 드는지 성찰이 필요하다.

오래전에 일본 교육을 연구한 서양 학자가 일본 교육에서 '일본교원 노동조합(일교조)과 사교육의 적대적 공생 관계' 현상을 지적한 일이 있다.Rohlen, 1980 일교조는 지식교육을 혐오하며 '새로운', '진보적인' 교육을 하고자 했다. 그러자 학생들의 학력을 걱정하는 학부모들은 '진보적인' 교사들에게만 자녀 교육을 맡기기에는 불안하였다. 그들은 사교육 기관에 자녀를 보냈으며, 결과적으로 사교육이 성행하게 되었다. 일본의 경험이 우리에게 어떤 교훈을 주는 것은 아닐까? 자유학기제와 같은 자유주의적 교육정책과 사교육의 관계에 관하여 실증적 분석이 필요한 시점이다.

같은 맥락에서, 과거의 학교평가가 학교운영 개선에 큰 도움은 주지 못한 채 몇몇 교사들에게 헛된 부담만 지운 것은 사실이다. 그러나 학교 구성원들이 한 해 동안의 교육 활동을 함께 성찰하면서, 개선해 가는 일은 반드시 필요하고, 학교평가는 이런 목적에서 도입되었다. 학교평가를 자율평가로 전환하자는 주장을 할 때에는 과거의 무익하면서 행정 부담만 유발하는 학교평가는 그만두고, 대신 실속 있는 성찰 활동을 강화하자는 의도가 존재했을 것이다. 그런데 학교평가가 자율평가로 전환된 상황에서, 그 의도는 실현되고 있는가? 유감스럽게도 우리는 과거의 학교평가를 대체할 새로운 평가 또는 성찰 체제를 만들어 가지 못하고 있다. 다만, 과거의 학교평가가 사라졌을 뿐이다.

혹여 신자유주의적 질 관리 기제를 폐기하거나 전환하는 과정에서 교육의 질에 관한 우리의 관심마저 버려 버리고 있는 것은 아닌지 성찰이 필요한 시점이다. 교원평가와 교사 성과급에 관해서도 마찬가지다. 이미 상당히 알려진 사실이지만, 성과급은 모든 공무원에 관련된 문제이고, 교사 집단만 성과급 지급 방식을 바꾸는 일은 상당한 부담이 따른다. 결과적으로 정권 교체에도 불구하고, 교사 성과급 정책은 폐기되기가 쉽지 않을 전망이다. 이런 상태를 염두에 두면, 교사 성과급 정책에 관한 새로운 전략을 모색할 수도 있을 것이다. 교사들 스스로 전문적 학습공동체 활동을 강화하여 학교 안에 전문 직업적 덕과 동료의식을 확립하여 학교 밖의 학부모와 시민들의 지지를 얻게 되면, 교사 성과급 폐기를 이끌어 낼 힘이 생길 수 있지 않을까?

정리하면 오랫동안 우리 교육의 모델 국가가 되어 왔던 서양 선진 국가들은 교육 산출 관리를 중심으로 교육을 운영하고 있다. 수에 의한 통제와 비교, 증거 기반 정책 결정은 여러 국가의 교육정책의 핵심어가 되고 있다. 이에 비하여 근래 한국의 교육, 특히 전문적 통제 중심의 학교 변화를 꾀하는 학교개혁가들 사이에는 산출 관리를 경원시하는 시각이 널리 퍼져 있다. 이런 배경에서 신자유주의적 질 관리 체제는 매우 빠르게 해체되고 있다. 물론, 지난 여러 해 동안 좁은 학업 성취 중심의 신자유주의적 질 관리 체제가 한국 교육에 끼친 해악을 부정할 수는 없다. 이런 문제를 인정한다손 치더라도 교육 운영에서 '질 관리quality control'의 중요성마저 부정하지는 말아야 한다. 기존의 질 관리 방식이 문제라면 더 적극적으로 대안적 산출 관리 방식을 구안할 필요가 있다.

| 제6장 |

학교자율운영 2.0과
교육행정의 과제

학교자율운영은 궁극적으로 학교장과 교사를 중심으로 학교 안에서 실천해야 하는 과제이지만, 이를 뒷받침하는 교육행정 체제의 변화가 필수적이다. 오히려 학교의 변화를 요구하기 전에 교육행정의 변화를 선행해야 한다. 교육 분권과 자치 활성화를 도모하는 시점에서 교육부의 역할을 재조정하고, 적도집권의 지혜를 살려서 교육부와 시·도교육청 사이의 역할 분담 체제를 확립하는 일, 교육지원청이 가까운 거리에서 학교를 실속 있게 지원하는 체제를 만드는 일이 중요한 과제로 제기되고 있다.

1.
교육 지방분권의
논리와 실제

　학교자율운영 2.0은 필연적으로 교육행정 체제의 변화를 전제로
한다. 학교자율운영이 학교와 교육청, 그리고 교육부와의 관계를 새
롭게 정립하고자 하는 것이기 때문이다. 학교자율운영을 촉진하는 교
육행정의 구조와 관련하여 교육계 내에서는 일견 폭넓은 합의가 형성
되어 있는 것으로 보인다. 즉, 교육부의 권한을 대폭 축소하고, 그만
큼을 시·도 교육청으로 이양하며, 시·도 교육청은 이양받은 권한을
다시 학교로 위임하여, 학교 안에서 학교 구성원들이 자주적으로 결
정하고 실행하도록 하여, 말 그대로 학교자율운영을 실천한다는 것이
다. 학교자율운영 논리가 교육의 지방분권 논리와 결합하여 더욱 강
화하고 있는 것이 현재의 국면이다.[이하 이 절은 김용, 성열관, 신철균, 양성관, 2017:
23~24를 수정 보완하였다.]

　이와 같은 변화의 지향은 문재인 정부 출범 이후 현실화하고 있다.
정부 출범 이후 곧바로 교육부와 시·도교육감협의회를 중심으로 '교
육자치정책협의회'를 출범하고[2017. 8], 학교 민주주의를 강화하는 방향
으로 교육자치를 실질화하기 위한 방안을 마련하고 실천을 시작하였

다. 협의회에서는 교육부와 시·도 교육청의 논의를 통해 「학교 민주주의 실현을 위한 교육자치 정책 로드맵」을 마련하였는데(2017. 12. 12), 로드맵은 학교를 관료조직에서 배움과 돌봄의 공동체로 변화시키고, 이를 지원하기 위하여 시·도 교육청은 교육의 지방자치를 실현하고 학교자치를 지원하며, 교육부는 시·도 교육청의 자율적 정책 수립과 학교의 교육 활동을 지원한다는 비전을 천명하였다. 이 비전을 달성하기 위하여 두 단계에 걸쳐 실행 방안을 마련하였는데, 제1단계는 교육과정 및 교육 활동, 그리고 학교운영에 관하여 법률적 근거가 모호한 규제적 지침을 원칙적으로 폐지하고 학교운영과 교육 활동, 시·도 교육청의 자율성을 제한하는 제도를 개선하기로 하였으며, 제2단계는 교육부와 시·도 교육청 간 권한 배분을 위한 법령을 제정하여, 양자 사이의 권한과 책임을 명확하게 하기로 하였다. 이와 같은 일정에 따라 협의회에서는 600여 개의 권한 이양 과제를 검토하였으며, 상당수 사업의 권한을 시·도 교육청에 위임 또는 이양하도록 하였다. 또, 교육 권한 배분에 관한 법령 제정도 조만간 기대할 수 있는 상황이다.

지금까지 한국의 교육 분권과 학교 자율화 정책은 매우 단순한 논리로 시행되어 왔다. 단순하게 말하면 다음과 같은 논리다. 그동안 교사와 학교는 각종 규제의 지배를 받아 왔다. 교육부는 막강한 권한을 가지고 있으며, 그 권한을 시·도 교육청에 이양(또는 위임)해야 한다. 시·도 교육청은 막강한 권한을 가지고 있으며, 그 권한을 교육지원청과 학교에 위임해야 한다. 교육행정기관에 의한 규제가 철폐되거나 개혁되면, 학교는 자유롭게 운영될 수 있다. 이것이 교육 분권 및 자율화 정책의 논리다. 실제로 교육부를 향하여 권한을 이양하라는 요구가 계속되었고, 김영삼 정부 이후 모든 정부에서 교육부는 교육 규제 완화 또는 학교 자율화 조치라는 이름으로 권한을 시·도 교육청에 이양(또는 위임)해 왔다.

앞에서 간략하게 정리한 주장은 다음과 같은 논리를 전제한다. 첫째, 교육부와 시·도 교육청은 권력을 가지고 있으며, 학교는 그렇지 않다. 둘째, 권력은 교육부에서 교육청으로, 교육청에서 학교로 흐른다. 셋째, 권력은 억압적이다. 즉, 권력은 학교의 자율운영을 방해한다. 넷째, 권력을 가지게 된 학교는 자율을 행사할 수 있다.

푸코의 권력론을 잠시 상기하면, 위의 전제가 과연 성립하는가라는 문제를 제기할 수 있다. 푸코는 다음과 같이 말한다. 첫째, 권력은 소유되기보다 행사된다. 둘째, 권력은 억압적인 동시에 생산적이다. 셋째, 권력은 아래에서 위로 흐른다.[Sawicki, 1991] 푸코의 권력론을 발전시켜 보면, 교육 분권 및 학교 자율화 정책 논리에 관하여 다음과 같은 문제를 제기할 수 있다.

첫째, 교육부가 권력을 소유한 것은 인정하더라도, 시·도 교육청과 학교(또는 교사)는 권력을 행사하지 못했는가?

둘째, 시·도 교육청이나 학교의 행위를 제약하는 교육부의 권력 외에 교육청 관료들이나 학교 교직원들이 무엇인가를 할 수 있도록 하는 권력은 존재하지 않는가?

셋째, 교육 규제가 완화되기만 하면 학교는 자율적으로 운영될 수 있는가?

이제, 이런 문제제기를 하나씩 검토해 보자.

첫째, 교육부가 법령에 의거하여 교육 활동에 관한 각종 기준을 마런하고, 그 기준의 적용에 관하여 사법 심사 이전에 판단 권한을 가진다는 점에서 권력을 소유하고 있는 것은 사실이다. 그동안 종종 경험한 것처럼, 시·도 교육청 또는 학교에서 무엇인가를 해 보고자 하였으나, 교육부가 이를 금지하여 실행하지 못하게 된 경우 교육부가 교육운영의 자율성을 침해한다고 느끼게 되는 것은 자연스럽다. 그런데 권력은 소유되는 것이라기보다는 행사되는 것이라는 푸코의 말을 상기해 보면, 시·도 교육청의 장학사들을 포함한 관료들은 말할 것도 없고, 학교의 교직원들도 나름대로 권력을 행사한다고 말할 수 있다. 교육청 관료들이 학교의 교직원에게, 교사들이 학생들에게 무엇인가를 하도록 하는 행위는 명백하게 권력을 수반한 행위라고 할 수 있다. 권력을 소유한 교육부의 행위를 학교자율운영이라는 관점에서 평가할 수 있다면, 권력을 행사하는 교육청 관료나 학교 교사들의 행위 역시 평가의 대상이 될 수 있다.

둘째, 권력은 억압적인 동시에 생산적이라는 말은 권력을 소유한 상위의 존재가 하위 주체의 행위를 제약하는 것도 권력 행위이지만, 권력을 행사하는 사람들이 모종의 행위를 할 수 있도록 하는 것 역시 권력이라는 의미이다. 시·도 교육청이나 학교의 어떤 시도를 금지하는 등 제약하는 행위와 함께 교육청 관료들이나 학교 교직원들의 일상적 실천 역시 권력 행위일 수 있다. 교육청 안에 존재하는 문화, 학교에서 교직원들이 빚어내는 관계, 교육행정가들과 교사들의 일상적 행위와 윤리 등은 누군가 강제하여 만들어진 것은 아니지만, 교육청 안에서, 그리고 학교 안에서 모종의 권력 작용으로 형성된 것이다.

셋째, 종래의 학교 자율화 논리를 극단적으로 밀고 가면, 교육과정, 교원인사, 학교재정 등에 관하여 매우 최소한의 테두리 안에서(예를 들면, 학교 예산 총액은 교육청이 결정한다, 국가 수준 교육과정은 두어 페이지 정도로 매우 짧아야 한다) 학교가 스스로 결정할 수 있으면 학교는 자율적으로 운영될 수 있다는 주장이 가능하다. 과연, 이것이 '학교 자율화' 또는 '학교 민주화'의 최종적인 그림일까?

학교 안에서 이루어지고 있는 일 가운데, 교육 규제의 부정적 측면으로 인하여 발생하는 문제가 있다. 그러나 어떤 문제는 교육부 규제와 무관하게, 교사들에게, 또는 그들의 관계에서 발생하는 문제도 있다. 자유에 '소극적 자유free from'와 '적극적 자유free to' 두 측면이 있는 것처럼, 자율에도 '소극적 자율autonomy from'과 '적극적 자율autonomy to' 두 측면이 있다고 보아야 할 것이다. 전자는 종래의 자율화 정책으로 어느 정도 달성할 수 있는 반면, 후자는 전혀 다른 접근으로 달성할 수 있을 것이다. 예를 들어, 자율화 정책으로서의 역량 배양capacity building 정책 같은 것이 필요하다고 할 수 있다. 지난 이십여 년간 줄곧 교육 규제를 완화해 왔음에도 학교자율운영 정책에 긍정적 평가를 하지 못하는 이유는, 자율화 정책에 대한 접근 방식을 재검토할 필요를 시사한다.

근래 이루어지고 있는 교육 분권은 그동안 시·도 교육청과 학교의 자율적인 교육 행위를 제약해 온 제도적 구조를 변화시킨다는 점에서 큰 의의가 있다. 학교의 자율운영과 교사의 자율적 교육 실천을 제약하는 법령이나 정책이 적지 않았고, 이런 제도적 구조를 그대로 둔 채 학교 자율성, 교사 자율성을 기대하기는 쉽지 않다. 그런데 제도적 구조 외에 시·도 교육청이나 학교에 정착된 문화와 일상적 실천 역시 권력적 관점에서 이해할 수 있다. 이런 점에서 규제의 정점에 선 교육부는 악, 시·도 교육청이나 학교는 규제의 피해자로서 선한 존재라는 대립적 표상은 현실에 부합하지 않는다. 이것은 근래 추진하고 있는 분권적 교육제도의 확립과 함께 교육청과 학교의 문화와 일상의 변화도 필요하다는 사실을 보여 준다. 제도의 변화는 절반의 변화에 그칠 뿐이다.

2.
교육행정개혁 구상의 순서:
상향적 접근 구상

　학교자율운영 2.0. 그리고 굳이 이것이 아니더라도 교육행정 체제를 개혁해야 한다는 주장은 여러 가지 맥락에서 제기되고 있다. 구체적으로 교육부와 시·도 교육청, 교육지원청과 학교로 이어지는 교육행정 기관의 권한과 기능을 다시 설계하자는 주장이다. 근래에는 국가교육위원회 설립 주장과 맞물려 교육부 해체 주장에서부터, 초·중등교육에 관해서는 시·도 교육청에 모든 권한을 이양하고, 교육부는 고등교육과 평생교육을 중심으로 기능을 다시 조정해야 한다는 주장까지 이어지고 있다. 또, 시·도 교육청과 교육지원청의 역할 재정립도 자주 논의되고 있다. 몇몇 시·도 교육청, 구체적으로 학교혁신 주도 교사들을 중심으로 일정하게 합의된 생각은 초·중등교육과 관련하여 교육부는 역할을 최소화하고, 시·도 교육청이 정책을 만들고, 교육지원청은 학교교육을 가까운 거리에서 지원한다는 식의 교육 거버넌스 개편이다.

　이와 같은 방식의 교육행정 개편 구상에는 여러 가지 문제가 제기된다. 교육부가 초·중등교육에 관한 역할을 최소화한다고 할 때, 설령 그 주장에 동의하는 경우에도 교육부는 어떤 역할을 감당해야 하는가, 교육부가 담당해야 하는 '최소'의 역할은 무엇인가? 시·도 교육청이 학교교육 정책의 가장 중요한 기관이 된다고 하는 주장에는 어떤 문제가 발생할 수 있는가, 교육지원청은 어떤 일을 어떤 방식으로 학교를 지원하여야 할 것인가와 같은 문제가 제기된다. 결국, 학교자율운영 2.0을 정착하는 과정에서 교육행정체계를 재설계하는 일은 중요한 과제가 될 수밖에 없다. 그렇다면 어떤 논리 구조로 권한과 기능을 재설계해 볼 수 있을까?

이 장에서는 후향적 접근backward mapping 전략을 활용하여 교육 거버넌스를 다시 설계해 보고자 한다. 이는 정책 집행에 관한 접근법의 하나로서 중앙정부가 결정한 정책을 일선 행정기관이 어떻게 집행하고 있는가라는 일반적 접근법과 달리, 일선 행정기관이 일을 하려고 할 때, 그 기관은 어떤 어려움에 처하고 어떤 지원을 받기를 원하는가, 그것이 바로 상위 행정기관이 할 일이 된다. 또한 상위 행정기관이 일선 행정기관을 지원하고자 할 때, 상위 행정기관은 어떤 어려움에 처하고 어떤 지원을 받기를 원하는가, 이것이 차상위 행정기관이 할 일이 된다. 이런 식으로 아래로부터 집행 전략을 구상하는 것이다.Elmore, 1979: 80 이런 접근법을 활용하면, 학교자율운영을 실천하고자 할 때, 학교는 어떤 지원을 받고자 하며 어떤 어려움에 처하는가를 확인하고, 이것을 교육지원청이 지원하게 된다. 그런데 여러 가지 요구 가운데 교육지원청 스스로 해결할 수 있는 것도 있고, 그렇지 않은 것도 있다. 지원청이 할 수 있는 것은 하고, 어려운 일은 시·도 교육청이 담당한다. 시·도 교육청 역시 자신이 할 수 있는 일은 하고, 그 나머지 일은 교육부의 과제가 된다.

학교자율운영 2.0은 학교가 지역을 근거로 이웃 학교들과 연계 협력하면서 학생을 중심으로 모든 학교 구성원들이 학교운영에 참여하고 함께 성장하는 일을 도모하는 학교운영이다. 학교 구성원, 특히 교사를 중심으로 학교자율운영을 실천하고자 할 때, 현실적으로 교사들을 제약하는 중요한 요인 중 하나는 교사들이 지나치게 바쁘다는 사실이다. 더 정확하게는 수업과 학생 생활지도와 같은 교사 본연의 업무로 바쁘기보다는 그 이외의 일로 바쁘다. 교사들이 바빠진 데에는 몇 가지 이유가 있다. 첫째, 1995년 교육개혁을 계기로, 신자유주의적 학교운영 기제가 학교에 대거 제도화되었다. 신자유주의 학교운영은 '입구 관리에서 출구 관리로'라는 말이 상징하는 것처럼, 학교교육의 산출물의 질을 평가하는 일을 강조하는 것으로서, 학업성취도평가, 교원평가, 교원성과급, 학교평가, 교육정보공개와 같은 제도가 새롭게 학교에 도입되었다. 이런 일들은 교사들의 새로운 업무를 많이 만들어 내게 되었으며, 이후 학교는 상당히 바쁜 공간으로 변화하고 있다.

둘째, 교육부와 교육청이 계속 많은 일을 만들어 낸다. 새로운 일은 학교를 지원하기 위한 목적에서 만들어진 것이지만, 지원은 부담을 수반한다. 교육부와 교육청, 그 밖의 정부 부처와 지방자치단체를 포함하여 여러 사회단체에서 추진하는 공모 사업이 대표적이다. 학교교육 재정을 확충하고자 하거나, 아이들에게 더 좋은 교육 프로그램을 제공하고자 하는 선의로 공모 사업에 참여하면, 그 순간 문서 작성과 보고, 예산 집행 등 여러 가지 행정 업무가 발생한다.

셋째, 교사들이 과거부터 해 오던 일이 법화法化하면서, 법화에 수반한 행정 활동이 많아졌다. 일례로, 학교폭력 문제를 해결하고자 노력하는 일은 일찍부터 교사들이 해 오던 일이지만, 학교폭력 관계 법률이 제정된 이후에는, 담당 교사가 사안을 처리하기 위하여 상당한 양의 문서를 작성하는 행정 부담을 지게 되었다.[김용, 2017a] 또, 공교육 정상화법 제정 이후로는 수업과 시험문제 출제 등에 관하여 주기적으로 교육행정청에 보고하는 의무를 학교가 지게 되었다.[김용, 2017b] 학교에서 이루어지는 상당히 많은 일은 법적 근거에 따라 의무적으로 해야 하는 일인데, 학교교육에 관한 법률이 촘촘하여, 교사들의 행정 부담이 크다.

마지막으로, 사회적 요구에 따라 학교에서 수행하게 되는 일이 늘고 있다. 방과후학교와 돌봄교실이 대표적이다. 가정 형태나 사회의 변화에 따라 보육이 개인을 넘어 사회적인 일이 되고, 그마나 우리 사회에서 가장 신뢰할 만한 공간인 학교로 새로운 사회 수요가 집중되고 있다. 새로운 일이 학교로 들어올 때, (대체로 비정규직인) 인력이 충원되지만, 이들을 관리해야 하는 부담을 학교가 지게 된다. 요컨대 이와 같은 상황에서 교사들은 매우 바쁘기만 할 뿐, 학교자율운영의 주체로서 학교의 일에 관여할 힘을 잃게 된다. 이와 같은 상황을 바꾸어 주는 일이 교육지원청과 시·도 교육청, 교육부와 우리 사회에 지워져 있다.

한편, 학교자율운영을 하고자 할 때, 교사들이 지원을 받아야 하는 일도 있다. 교사들이 스스로 전문성을 발휘하여 교육과정을 재구성하고 평가 활동을 전개하는 일이 학교자율운영의 핵심인데, 현실적으로 교사 간에는 전문성 격차가 존재한다. 학교 안에서 전문적 공동체 활동을 통해 교사 서로 간에 배움과 나눔을 실천하는 일이 긴요하지만,

이 일만으로 충분하지 않을 경우, 교사들의 전문성 신장을 지원해야 한다. 이 과업이 곧 장학이다. 이와 함께, 학교 구성원들이 자율적으로 학교를 운영하고, 구성원들끼리 내실 있게 자신들의 교육 활동을 성찰하고 개선하는 일은 중요하다. 이 경우에도 외부자의 시각에서 학교운영을 검토하고, 그 결과를 학교운영 개선에 반영할 필요가 있다.

그렇다면 위에서 살펴본 교사들이 겪는 어려움과 그들이 요구하는 지원 가운데 교육지원청이 할 수 있는 일은 무엇인가? 교육지원청은 장학 기능을 중심으로 업무를 재구조화해야 한다. 교육지원청 관내 학교 교사들 가운데 수업이나 학생 지도 등 교사로서의 활동에 관하여 어려움을 겪는 교사들에게 실질적인 도움을 줄 수 있는 활동을 전개해야 한다. 가장 중요하게는 교사들의 교육과정 재구성 및 수업 능력을 배양할 수 있는 장학 활동을 할 수 있어야 한다. 그동안 '장학'이라는 이름으로 해 온 활동 중에는 사실상 장학이 아닌 일이 많았고, 교사들은 장학은 불필요하다거나, 장학을 폐지해야 한다고 생각하는 경우도 있지만, 장학이야말로 교육지원청이 해야 하는 가장 중요한 과업이다. 교사 개개인에 대한 장학과 함께 지역의 여러 학교 교사들의 학습 요구를 파악하고, 그들에게 적절한 학습 기회learning opportunity를 마련하는 일도 교육지원청이 수행해야 한다.

이와 함께, 교사들이 어려움을 겪는 일 가운데 학교가 아니라 교육지원청에서 담당할 수 있는 일이 있을지 검토할 필요가 있다. 대표적으로, 방과후학교와 돌봄교실, 학교폭력 관련 업무를 학교가 아니라 교육지원청의 소관 사무로 할 수 있을 것인지 검토가 필요하다. 우선, 돌봄교실 또는 근래 한창 논의 중인 초등학교 모든 학년 학생을 오후

3시까지 학교에서 보호하는 일은 교사들에게 상당한 추가 부담을 요구하는 일임에 분명하다. 그런데 이런 사회적 요구는 학교가 그나마 사회적 신뢰를 받는 공간이라는 징표이고, 학교가 이 사회적 요구를 물리치려고만 들면, 학교는 고립된 섬이 될 가능성이 크다. 독일이 전일제 학교로 전환한 것은 시사하는 바가 크다. 학교가 아동 보호에 관한 사회적 수요를 수용하되, 지방자치단체가 학교라는 공간에서 관련 일을 주도적으로 수행할 수 있는 체제를 구축하는 편이 타당하다. 지방자치단체와 협력하여 조직을 구성하고, 사업을 추진하는 일은 교육지원청이 담당해야 한다. 돌봄교실 담당 인력이 돌봄교실 운영에 책임을 지고, 이들의 고용, 복무 관리 등을 지방자치단체가 담당하도록 하고, 이를 교육지원청이 지원하는 행정 체제를 구축하는 방안을 검토할 수 있다. 일정한 준비 기간을 가진 후에는 학교가 아닌 지역사회에서 아동 보호 프로그램을 운영할 수 있을 것이다.

돌봄교실을 제외하고 특기적성과 교과심화 방과후학교를 운영하는 일도 교사들에게 큰 부담이다. 방과후학교에 대한 학생 요구를 조사하고, 강사를 선정하며, 강사를 관리하고, 예산을 집행하는 일 등이 교사들의 업무가 되고 있다. 교육지원청에서 방과후학교 사이트를 온라인상에 구축하고, 이 사이트를 통해 모든 업무를 수행하고, 교사들은 학생들에게 방과후활동에 관하여 안내하고, 방과후활동에 참여하는 학생들에게 그 경험을 확인하는 일에 그칠 수 있는 방안을 검토할 필요가 있다.

학교폭력 관련 사무는 교사들에게 큰 부담이 되고 있는데, 그 부담은 현행 법 규정에서 기인하는 면이 적지 않다. 장기적으로는 현행 처벌 중심의 학교폭력법을 전면 개정하는 일이 필요하겠지만, 단기적으로는 학교폭력 사안 처리에 관한 교사와 학교의 판단 여지를 확대하는 방향으로 법을 개정할 필요가 시급하다. 이와 함께 학교폭력 사안 처리 과정과 그 후에 사법적 쟁송에 휘말리는 경우가 늘어남에 따라 교육지원청 차원에서 법률 지원을 확대하는 일이 필요하다.

한편, 학교 행정실 운영의 개선 과제를 교육지원청 차원에서 시급하게 검토할 필요가 있다. 두 가지 차원에서 문제가 제기되는데, 첫째, 학생 수가 감소하면서 통폐합 대상이 되는 학교가 굉장히 빠르게 늘고 있다. 학교가 사라지면 마을이 사라진다는 논리로 학교 통폐합을 저지하고 있는 것이 현재 상황이지만, 이런 상황이 계속될 가능성은 높지 않다. 학생 수 감소가 그만큼 빠르기 때문이다. 학교 통폐합의 가장 중요한 논리는 학생 수에 비하여 과다한 인건비를 지출하고 있다는 것인데, 학교와 교사는 그대로 둔 상태에서 행정 비용을 크게 감소시킬 수 있는 방안을 찾을 수 있다면, 통폐합 압력을 상당히 낮출 수 있을 것이다. 둘째, OECD 국가들과 비교하여 한국은 학교 내에 교수 인력에 비하여 행정 지원 인력의 수가 상당히 적은 편이다. 이에 따라 여러 직종의 행정 지원 인력이 확충되고 있지만, 교사들의 행정 지원에 관한 만족도는 크게 높아지지 않았다. 오히려 학교에서 필요한 실질적 행정 지원은 공백 상태에 빠져 버렸다는 비판도 존재한다.

지역에 따라서는 개별 학교에 두는 행정 지원 인력을 최소화, 실질화하고, 교육지원청에서 통합 행정지원센터를 운영하면서 돌봄교실, 방과후학교, 학교폭력 업무 등을 적극 지원하는 체제를 갖추는 방안을 적극적으로 검토할 필요가 있다. 오늘날 정보통신매체가 발달하면서, 상당히 많은 업무는 담당자가 현장에 있지 않아도 온라인상에서 처리할 수 있는 것이 현실이다.

근래 가장 논의가 활발한 것은 교육부와 시·도 교육청 간의 권한 및 사무를 조정하는 문제다. 교육부는 초·중등교육에 관한 사무에서 손을 떼고, 모든 권한을 시·도 교육청에 이양해야 한다는 극단적인 주장이 종종 제기되기도 한다. 여러 교육청이 그동안 교육부에서 학교를 상대로 지나치게 많은 사업을 시행하면서, 학교자율운영을 저해하였다고 비판하였다. 그리고 시·도 교육청은 불필요한 일을 줄이고, 학교를 지원하는 행정을 하겠다고 말했다. 실제로 '공문 없는 날'을 시행하고 공모 사업 운영 방식을 바꾸는 등 상당한 노력이 이루어졌다. 그렇지만 교육청에서 학교를 향한 사업 또는 교사들이 체감하는 행정 부담이 줄었는지는 의문이다. 오히려 교육감 주민직선제 시행 이후 교육청마다 정책 경쟁 상황에 돌입하면서 각종 사업을 시행하고 학교에 부담을 주었을 가능성도 없지 않다. 실제로 한 연구^{강호수 외, 2017} 결과에 따르면, 교사들은 교육감 주민직선제 도입 이후 교육청에서 시행하는 업무가 늘었다고 평가하고 있다. 교육부에는 학교를 부담스럽게 하는 일을 줄이도록 요구하면서, 막상 교육청 스스로 새로운 일을 만들어서 학교자율운영을 해치고 있는 것은 아닌지 적극적으로 검토할 필요가 있다.

이와 함께, 교육감 주민직선제와 교육자치·분권 흐름이 결합하면서 나타나는 한 가지 경향은 교육청이 자기 완결적 조직 구조를 갖추어 가고 있다는 사실이다. 대표적으로, 과거의 시·도 교육청은 정책 기획 기능이 매우 미약하였다. 교육부에서 결정한 정책을 전달받아서 단순히 집행하는 역할에 그쳤기 때문이다. 교육자치가 활성화하면서 교육청은 정책 기획 기능을 강화하고자 하고, 기획 기능을 뒷받침하기 위하여 교육연구소를 설치하는 교육청이 늘고 있다. 실제로 [표 Ⅵ-1]을 보면, 교육감 주민 직선 이후 시·도 교육청의 조직과 인력이 미세하게나마 늘어났음을 알 수 있다.

[표 Ⅵ-1] 교육감 주민 직선 이후 시·도 교육청 조직 및 인력의 변화

지역	서울시		경기도	
연도	2009	2018	2008	2018
본부 조직	1실 3국 6담당관 12과	1실 3국 7담당관 14과 1추진단	1실 4국 28과·담당관	1실 4국 30과·담당관
산하기관	29개	29개	12개(직속기관)	14개(직속기관)
인력 (교육전문직)	442명	460명	510명	632명
인력 (일반직, 기능직)	일반직: 2,809명 기능직: 4,346명	6,652명	일반직: 5,112명 기능직: 5,732명	12,162명

　　교육자치가 실질화하면서 시·도 교육청마다 경쟁적으로 자기 완결적인 조직 구조를 갖추어 가려는 태도는 이해할 수 있는 구석이 있다. 그런데 이런 경향은 자원 배분의 효율성이나 활동의 질이라는 면에서 비판적으로 검토할 수 있다. 예를 들어, 경기도교육연구원을 필두로 여러 교육청에서 저마다 독립적인 교육연구소를 설치하고자 노력하고 있다. 이렇게 하는 일이 과연 효율적일까? 시·도 교육청마다 교육 연구소를 설치 운영하기보다 지금까지 국가적으로 만들어 온 교육연구 개발체제, 구체적으로 한국교육개발원이나 한국교육과정평가원 등 세계 수준의 연구 기관들과 적극적으로 연계 협력하여 연구 개발 기능

을 강화하는 방안을 검토할 수도 있을 것이다.

또 교육청이 정책의 주도성을 행사하려는 경향이 강화하면서, 종래에는 교육부 한 곳에서 하던 일을 17개 시·도 교육청이 큰 차이 없이 각각 하는 일도 일어나고 있다. 물론 교육청마다 각기 특색을 살릴 필요가 있고, 교육청이 정책 과정에 관여를 확대하는 과정에서 유익이 있을 것이다. 그러나 국가 전체적 견지에서 비효율이 발생할 가능성도 없지 않다. 근래 '자치·분권은 선이고 중앙집권은 악'이라는 생각이 상식이 되어 있다. 실제로, 그동안 우리 교육은 지나치게 중앙집권적이었으며, 앞으로 한동안 자치·분권의 방향성을 명확히 하는 것은 타당하다. 그렇지만 자치·분권이 항상 선한 것은 아니다. 역사적 기원을 염두에 둘 때, 자치는 봉건적 성격을 지니며, 자치와 분권은 지역 간 격차 확대라는 결과를 수용해야 하는 비용을 지불해야 한다. 오히려 우리에게 필요한 것은 극단적 중앙집권도, 극단적 지방분권도 아닌, 적도집권適度集權의 지혜일 것이다. 이런 점에서 교육부는 초·중등 교육 사무에 관한 권한을 모두 교육청에 이양하고, 교육청이 모든 권한을 행사해야 한다는 주장은 다시 검토할 필요가 있다.

나아가, 앞에서 살펴본 학교자율운영을 어렵게 하는 일 가운데 시·도 교육청이 해결하거나 지원해야 하는 일은 무엇일까?

첫째, 교육청이 시행하는 사업과 사업을 추진하는 방식을 계속 개선할 필요가 있다. 교육청에 따라서는 공모 사업 시행 방식을 바꾸고 학교평가 방식을 개선하는 등 꾸준히 노력해 오고 있지만, 여전히 개선이 필요하다. 일례로, 여러 교육청에서 시행하는 전문적 학습공동체 정책을 살펴보면 학교마다 전문적 학습공동체를 운영하도록 권유하고, 이 정책에 참여하는 공동체에 일정액을 지원하는 단순한 구조의 정책을 시행하고 있다. 이런 식의 단순한 급부정책은 규모를 줄일 필요가 있다. 또, 교육청 및 교육지원청의 각 과마다 각종 연수 프로그램을 개설하는데, 그중 상당수는 여전히 실질적으로 '강제 연수'로 진행되고 있는 것도 사실이다.

둘째, "앞으로 시·도 교육청은 정책에 중점을 두고, 교육지원청은 학교를 지원하도록 한다"는 말을 종종 들을 수 있는데, 시·도 교육청이 가장 먼저, 그리고 가장 힘들여서 해야 하는 일은 지역의 교육 실태를 면밀히 분석하는 일이다. 국어과 학습에서 학생들은 어떻게 성장하고 있는지, 그들이 겪는 어려움은 무엇인지, 사회과 교사들은 수업을 진행하면서 어떤 문제를 경험하는지, 그리고 어떤 지원을 받고자하는지, 지역의 학생들의 신체 발달 상황은 어떤지, 어떤 장래 희망을 품고 있는지, 학생들의 시간 활용 실태는 어떤지, 교사들은 어떤 감정을 경험하고 있는지와 같이 여러 가지 문제의 실태를 면밀히 파악하는 일이 우선이다. '정책'은 그다음 일이다. 사실 많은 시·도 교육청에서 교육 실태를 다각적으로 파악하지 않은 채로 교육청 주요 인사들이 소망하는 일을 사업으로 만들어서 학교에 전달하지만, 교사와 학생들이 그 정책들에 크게 반응하지 않는 데에는 앞의 이유가 있을 것이다. 앞에서 예시한 사항을 조사하고, 그것의 교육적 의미를 추출하고, 적절한 교육적 조치를 강구하는 일은 고도의 장학 활동이다. 유감스럽게도 현재 우리의 장학 역량은 이런 일을 감당할 수 있는 수준에 올라와 있지 않다. 시·도 교육청이 당분간 주력해야 하는 일 중 하나는 지역 내의 장학 역량을 고도화하기 위한 일에 힘을 쏟는 것이다.

신임 교사의 수업을 보고, 과학적으로 분석하여, 그 교사의 수업 능력을 효과적으로 배양할 수 있는 전문성을 갖춘 장학사, 학생들의 시험 결과를 분석하여 교과 학습에서 제기되는 문제를 파악하고 교사들과 함께 토론할 수 있는 장학사를 준비해야 한다.

셋째, 시·도 교육청은 학교 변화를 지원하는 기능을 적극적으로 시행해야 한다. 그동안의 학교 변화 과정을 살펴볼 때, 리더십이 있는 교장과 변화 촉진자change agent 교사가 준비된 학교에서는 변화가 쉬이 일어난다. 변화 촉진자를 양성하는 일이 시·도 교육청의 중요한 과업이 된다. 이미 경기도교육청과 서울시교육청 등 여러 교육청에서는 교장 연수, 혁신교육 아카데미, 혁신교육 전공 대학원 프로그램 운영 등 다양한 방식으로 이 일을 시행하고 있다. 개별 프로그램의 질을 관리한다면, 학교혁신을 지원하는 매우 효과적인 활동이 될 수 있다.

마지막으로, 교육부는 어떤 일을 통해서 학교를 지원해야 하는가? 지금까지 교육부는 각종 법령상 의무적으로 해야 하는 일을 기획, 실행하거나, 학교에서 실행한 결과를 수합하여 관리하는 일, 그리고 대통령선거 과정에서 공약으로 채택되고, 정부 출범 과정에서 국정과제로 확정된 일을 추진해 왔다. 현재 교육부에 대하여 많은 교육자들이 초·중등교육에 관한 일을 대폭 줄이라는 요구를 하고 있다. 만약 이 주장을 받아들인다면, 교육부의 초·중등교육 기능을 어떻게 설정할 것인가? 이 문제를 둘러싸고 여전히 혼란이 존재한다. 근래 교육부에서 작성된 초·중등교육 관련 정책 문서를 살펴보면, 그 문서가 교육부에서 만들어진 것인지, 시·도 교육청에서 만들어진 것인지를 금방 알기 어려운 경우가 적지 않다. 이는 교육 분권 국면에서 교육부의 역할이 여전히 명확하게 정립되지 않은 채 혼미한 상태에 있음을 반증한다.

아래의 내용이 교육부의 역할을 전부 규정한 것은 아니지만, 교육부는 최소한 이런 역할을 해야 한다고 제안하고 싶다.

첫째, 교육부가 하고 있는 일, 그리고 학교에서 해야 하는 일의 근거가 되는 법령을 대폭 정비하는 일을 교육부가 추진해야 한다. 중학교의 경우 각종 법령과 지침에 따라 반드시 이수해야 하는 범교과 학습 내용이 창의적 체험활동 시간보다 많은 것이 현실이다. 교육에 관한 법령이 시간이 갈수록 늘어 가고, 이것이 한편으로는 학교교육을 지원하기도 하지만, 다른 한편으로는 학교교육을 옥죄기도 한다. 교육부가 5년 정도 계획을 세워서, 교육 관련 각종 법령을 학교교육 친화적으로 개편할 수 있도록 해야 한다. 또, 국회와 긴밀히 협의하여 입법 과정에서부터 학교교육 현장의 시각에서 제정 법률을 검토할 수 있도록 해야 한다.

둘째, 교육부는 국가 전체 차원에서 진행되는 학교 변화 상황을 점검하고, 각 지역에서 이루어지는 선한 변화를 확산하고, 나타나고 있는 문제를 사전에 제어할 수 있는 네트워크 허브 역할을 수행해야 한다. 교육자치와 분권 확대가 앞으로의 방향이라고 할 때, 지역 간 다양한 양상이 나타날 것이다. 그 '다름' 중에는 서로가 배울 내용도 있을 것이며, '격차'로 파악할 수 있는 것도 있을 것이다. 자치와 분권을 확대하더라도 격차를 시정하는 문제는 국가의 중요한 역할이 되어야 한다.

셋째, 위와 관련한 것이지만, 한국은 교육정책을 수립하기 전에는 정책 연구를 하거나, 시범학교를 운영하거나, 여러 가지 일을 준비하지만, 막상 정책을 시행하고 난 후에는 그 정책이 어떻게 실행되고 있는지에는 그다지 관심을 기울이지 않는다. 이런 경향은 교육부뿐만 아니라 교육청도 마찬가지다. 교육자치 분권의 확대는 필연적으로 지역과 학교마다 상당히 다른 양상이 나타나게 된다. 교육부는 연구 개발 역량을 확보하고, 전국적 견지에서 일어나고 있는 일에 관한 고급 정보를 산출해야 한다. 그리고 그 정보를 매개로 시·도 교육청과 협의할 수 있도록 해야 한다. 지금까지 교육부의 각 과와 관료들은 법적 근거가 있는 사업의 집행과 점검, 특별교부금을 재원으로 하는 각종 정책사업의 집행과 점검을 관리해 왔다. 근래 특별교부금을 크게 줄이자는 제안이 거듭되고 실제로 특별교부금 감축이 이루어진 상황에서 교육부는 과연 사업이 아닌 어떤 일을 해야 하는가라는 고민에 빠지지 않을 수 없다. 손에 잡히는 방식으로 제안을 하자면, 교육부는 국가 전체의 견지에서 한국 교육의 상황과 미래에 관한 각종 고급 보고서를 펴내는 일에 힘을 기울여야 한다. 한국 학생들의 신체적·정의적 발달 상황과 학업성취 수준, 한국의 교실 수업 실태, 교사들의 의식과 학교생활, 세계의 교육개혁 동향 등에 관하여 주기적으로 높은 수준의 정책 보고서를 만들어 내고, 이 보고서를 매개로 시·도 교육청과 국회, 그리고 사회 여론과 소통할 수 있어야 한다.

제7장

교육정책의 중장기 방향과
학교자율운영

제1장에서 확인한 것처럼 학교자율운영의 의미는 사회에 따라, 그리고 시대에 따라 다를 수 있다. 이런 맥락에서 오늘날 한국 사회에서 학교자율운영의 의미를 규명하는 일이 중요하다. 이 장에서는 예상되는 교육정책 환경과 세계 여러 국가의 교육 변화 동향을 소략하게라도 조망하고, 한국 사회의 현실과 교육의 과제를 검토한다. 마지막으로 오늘날 한국 사회에서 학교자율운영의 의미를 새겨 본다.

1.
정책 환경으로서의 미래

교육정책은 미래를 조망하며 현실 문제를 개선해 가는 과정의 소산 이다.이하 내용은 김용·강명숙·김영석·박동열·박상옥·윤상준, 2019: 151~165를 수정한 것이다. 현 재 직면한 문제에 천착하면서도 다가오는 미래를 내다볼 수 있을 때, 좋은 정책을 만들 수 있다. 1995년 교육개혁은 '문명사적 대전환'이라 는 시대 인식을 배경으로 한 것이었다. 세계화와 정보화라는 두 가지 메가트렌드가 문명의 전환을 이끌 것이라는 전망 아래서 '열린 평생 학습 체제 구축'을 정책 대안으로 제시했다. 교육개혁 이후 사반세기 가 흐른 지금, 당시의 시대 통찰은 탁월한 것이었다고 볼 수 있다. 실 제로 세계화가 급진전했다. 세계 증시와 연동하는 한국 증시는 말할 것도 없고 매일 식탁에 오르는 외국의 농·수·축산물이나 온 세계를 누비는 대중 연예인들을 통해서 세계화를 매일 경험한다. 정보화의 진 전은 더 피부로 느낄 수 있는 것이어서 스마트폰은 필수품이 되었고, 제4차 산업혁명은 누구나 말하는 단어가 되었다.

하지만 1995년 당시 세계화와 정보화가 약간의 긴장 속에서도 비교 적 낙관적 색조를 지닌 미래였다면, 그 후 우리가 직면한 세계화와 정보화는 암울한 색조를 띤 것이었다. 세계화로 자본과 노동이 자유롭게 이동하면 모두에게 이익이 생길 것이라는 전망은 사실이 아니었다. 세계화 이후 격차는 여러 차원에서 심화했다. 국가 간, 지역 간, 계층 간 격차가 두드러졌다. 소수에게 이익이 집중되는 사이에 하루 1달러도 벌지 못하는 사람들이 수십만 명에 이른다. 자본의 세계화뿐만 아니라 테러와 환경오염도 세계화했다. 세계화 이후 경쟁이 심화하면서, 오늘날 모종의 성과를 위해 자신을 스스로, 그리고 지속적으로 착취하여 소진한다. 우리는 피로 사회를 살아가고 있다.^{한병철, 2012} 디지털 매체가 발전하면서 더 많은 정보를 더 쉽게 접하고, 누군가와 더 편하게 접할 수 있게 되었다. 그러나 그 이면에 정보의 바다에 빠져 버리기도 하고, 깊이가 없는 온라인 소통과 소통에 대한 강요가 투명성이라는 이름으로 우리 삶을 통제한다.^{한병철, 2014} 양극화와 격차 사회, 피로 사회와 투명 사회. 이것이 우리가 '분노하라'^{스테판 에셀, 2011}는 외침 속에 맞이한 현실이다.

세계화와 정보화는 여전히 우리의 삶을 규정하며, 중요한 교육정책 환경을 구성한다. 그런데 이것 외에도 향후 교육정책을 규정할 요인들이 존재한다. 세계화는 지금까지보다 더 직접적으로 교육정책을 규정할 것이다. 이미 오래전에 글로벌 교육정책 장global education policy field이 형성되었다. 이제 더 이상 교육정책은 국내 정책이 아니다. PISA 결과 발표가 세계 여러 국가에서 뉴스가 되며, 결과에 따라 교육정책을 재검토하는 국가를 찾아보는 일은 어렵지 않다. OECD나 UNESCO, 세계은행World Bank 같은 국제기구가 주도하는 글로벌 교육정책은 앞으로 교육 내용은 물론 학생 평가를 넘어, 더 깊숙한 곳까지 영향을 미치게 될 것이다. 고등교육 부문에서 세계화의 영향은 훨씬 가시적이다. 학생과 교수의 교류가 빠르게 확대하고 있으며, 교육 프로그램의 교류도 활발하다. 글로벌 기업은 전 세계에서 지원자를 구할 수 있으며, 세계 여러 국가의 대학은 자국 내에서가 아니라, 세계적 수준에서 작용하는 엄청난 경쟁 압력에 직면하고 있다. 오늘날 세계화는 놀라운 수준에 이르러서, 글로벌 교육 기업이 한 국가의 학교교육 전체를 아웃소싱 받아서 운영하는 사례까지 등장하고 있다.Cuban, 2012 세계화와 함께 지역 블록화가 추진될 것인지는 향후 중요한 문제가 된다. 유럽은 명백하게 지역 블록을 형성하고 있다. 유럽연합에 속하는 어느 나라에서 공부하든 관계없이 동일한 학력과 자격을 인정받고, 유럽 시장에서 동등한 고용 가능성을 갖도록 한다는 유럽연합의 이상은 차근차근 실현되고 있다. 반면, 아시아 지역 블록화의 움직임은 여전히 더디다. 공통어의 부재가 큰 원인이다. 그러나 유럽에서의 지역 블록화가 진전할수록 아시아 역내 국가들의 블록화를 추동하는 힘이 강해질 것이다. 근래 한류가 확산하면서, 한국어를 배우고 한국으로 유학을 오는 학생 수가 늘고 있다. 특히 중국 외에도 베트남 등 아시아 국가 출신 학생들의 유입은 더 늘어날 것이며, 한국 고등교육에 새로운 기회가 될 수도 있다.

제4차 산업혁명으로 상징되는 지능 정보 사회는 향후 교육에 큰 영향을 끼칠 것이다. 전통 산업에서 고도화한 정보통신 기술 인프라에 기반을 둔 산업으로 산업이 크게 변화할 것이다. 이미 로봇 밀도가 세계 1위인 한국에서 제4차 산업혁명이 더 진전하면, 전통적 산업 인력의 태반은 실업 상태에 내몰릴 가능성이 있으며, 이들을 양성해 왔던 교육기관은 존재 의의를 잃어버리게 될 것이다. 1990년대 이후 한국 경제가 산업 구조를 재편해야 했지만, 이 과제가 계속 지체되는 사이에 제4차 산업혁명을 맞이하게 되면서 경제와 사회 전반에 불안이 퍼지고 있다. 개인 차원에서는 실업의 공포가 확산하고 있다.

반면에 데이터와 인공 지능이 결합한 지능 정보 기술이 경제와 사회, 그리고 삶의 모든 분야에 보편적으로 활용되면 새로운 가치가 창출하고 발전할 수 있다는 긍정적 전망도 존재한다. 초네트화와 초지능화, 융복합화와 초자동화로 새로운 미래가 열릴 수도 있다. 공유경제와 공유사회가 현실에 전개되고 있는 것은 지능 정보 기술의 진전과 큰 관련이 있다.Rifkin, 2014 특히 지능 정보 사회는 교육에 새로운 가능성을 열어 준다.국제미래학회, 한국교육학술정보원, 2017 인공 지능과 빅데이터는 과거 한 명의 교사와 여러 명의 학생이 만나는 형태의 집단적 수업을 마치 한 명의 교사가 한 명의 학생을 지도하는 것과 같은 학생 맞춤형 수업으로 변화시킬 수 있다. 과거에는 교사가 말로 설명할 수 없었던 많은 내용을 이제는 학생들이 직접 체험하는 일이 가능해진다. 지능 정보 혁명으로 '완전 학습'의 이상을 실현할 수도 있을 것이라는 매우 낙관적인 전망까지 제기된다.강태중 외, 2016

인구 습격과 지역 소멸은 교육정책의 향방에 큰 영향을 미칠 요인이다. 저출생 고령화는 이미 이십여 년 전부터 중요한 문제로 예측되어 왔지만, 저출생과 고령화 속도는 예상을 훨씬 웃돈다. 2016년에는 출산율이 1.17로 출생아 수가 간신히 40만 명을 넘었지만, 2017년에는 35만 명 선에 머물렀으며, 출산율은 1.05로 떨어졌다. 2018년에는 출산율이 1.0, 신생아는 32만 명에 머물렀다. 한편, 노인 인구는 급증하여 2030년에는 24.5%, 2040년에는 32.8%, 2050년에는 38.1%, 2060년에는 41.0%까지 치솟을 전망이다. 모두 예상을 훨씬 웃돈다.^{정책기획위원회, 2018} 가히 인구 습격이라 부를 만하다.

한편, 2040년에는 인구 감소 지역이 전국의 52.9%에 이를 정도로 광범하겠지만^{정책기획위원회, 2018}, 인구 습격은 지역에 따라 다른 속도와 폭으로 나타난다. 서울 중심의 수도권을 제외한 지역, 특히 농산어촌에서부터 지역이 소멸할 것이다. 노무현 정부에서 지역 균형 발전을 정책 목표로 내걸고 행정 수도 이전과 공공 기관 지방 이전을 시행했지만, 그 후 십여 년간 지역 균형 발전은 국가의 정책 목표가 아니었다. 그사이 수도권 집중과 지역 소멸은 가속화했다.

마지막으로, 남북 화해 협력의 급진전은 향후 교육정책의 중요한 변수이다. 지금의 추세가 지속된다고 하더라도 통일은 요원한 일이겠지만, 남북 화해 협력이 안정화하면 교육에도 큰 변화가 일어날 수 있다. 십 년 이내에 학생 교류가 시작될 수 있다. 탈북민 가족 학생이 대한민국에서 공부할 기회를 얻을 것이며, 북한 대학생이 남쪽에서 유학할 가능성도 있다. 북한 경제 개발이 시작되고 한국 기업이 이 과정에 참여하게 되면, 고등교육이나 직업교육에 새로운 수요가 창출될 수도 있다. 국방비를 감축하면, 교육 예산에 여유가 생길 수도 있다. 남북 화해 협력은 경제는 물론 교육에도 상당히 좋은 영향을 초래할 것이다. 반면, 남북화해협력이 확장된 양극화로 귀결할 가능성 역시 여전히 열려 있다.

세계화(와 지역 블록화), 제4차 산업혁명과 지능 정보 사회, 인구 습격과 지역 소멸, 남북 화해 협력이 향후 한국 교육에 큰 영향을 줄 중요한 변수이다. 세계화와 지능 정보 사회는 위기와 기회를 동시에 내포하고 있는 데 비해, 인구 습격과 지역 소멸은 매우 급진적 정책이 필요할 만큼 부정적 요인이며, 반대로 남북 화해 협력은 긍정적으로 작용할 가능성이 크다.

2.
세계의 교육 변화

　시대의 변화에 발맞추어, 때로는 변화에 앞서 여러 국가는 교육정책을 변화시켜 왔다. 세계 여러 국가의 교육개혁 핵심어를 살펴보면, 교육정책의 흐름은 물론 시대에 관한 인식도 확인할 수 있다. 현실적으로는 이미 이십여 년 이전부터 글로벌 교육정책 장이 형성되어서, 선진 국가가 주도하는 교육개혁은 그 국가에 한정되지 않고 여러 국가로 자연스럽게 확산한다. 한국의 경우 1995년 개혁을 기점으로 글로벌 교육정책 장에 편입되었으며김용, 박대권, 2018, 이미 세계의 교육 변화 흐름에 놓여 있다.

　1980년대 중반 이후 선진 국가 교육개혁의 가장 중요한 핵심어는 경쟁력과 질 제고였다. 이것은 세계화의 진전과 깊이 관련되어 있으며, 두 가지 차원에서 강조되었다. 세계적 차원에서 자본과 무역의 흐름이 활성화하면서 여러 산업에서 첨단을 차지하고자 하는 국가 간 경쟁이 격화하고, 이를 가능하게 하는 고급 인적 자원 개발의 사회적 필요가 부각한 것이다. 경제적 측면에서 경쟁력이 논의된 셈이다. 미국 교육개혁의 출발점으로 평가받는 『위기에 처한 국가A Nation at Risk』는

"미국은 위기에 처해 있습니다. 상업, 산업, 과학기술 혁신에서 한 번도 도전받지 않았던 탁월한 성과가 세계의 경쟁 국가들에 의해 압도되고 있습니다"라는 말로 시작한다. 다른 한편으로 교육 자체가 중요한 산업이 된 사실도 중요하다. 외국 학생을 유치하고, 자국 교육 프로그램을 수출하는 일이 상품 판매 이상의 중요한 수출 산업이 된 것이다. 2013년 호주의 산업 중 교육 서비스업 비중은 4.9% 가까이 되었으며, 이는 농업(약 2.5%)과 제조업(약 6.8%)의 중간 수준에 이를 정도였다.Australian National Accounts 자료 이런 배경에서 영국의 토니 블레어 수상은 자신의 국정 최우선 과제를 "교육, 교육, 교육"이라고 선언하였다.

그렇다면 경쟁력과 질을 어떻게 제고할 것인가? 가장 손쉬운 정책수단은 교육재정을 확대하는 일이다. 실제로 많은 국가에서 교육재정을 확대했다. 국가의 교육 책임을 축소하려는 신자유주의 정책의 챔피언 국가로 여겨지는 영국의 경우에도, 1990년대 초반까지 교육재정이 GDP 대비 4.8% 수준이었지만, 1993년 이후에는 5.1~5.2%로 증가했다. 노동당 집권 이후에는 1998년부터 3년 동안 190억 파운드(약 38조 원)를 교육 부문에 투자했다.성삼제, 2000

그런데 이보다 더 중요한 경쟁력 제고 정책은 교육 체제를 재구조화하는 일이었다. 이 과정에서 등장한 중요한 어휘가 '책무성accountability'이다. 책무성 개혁을 체제적 시각에서 접근하면, 교육의 입구input는 개방하고, 자유로운 선택을 보장하며, 교육의 과정process에서는 경쟁을 유발하고 평가를 실시하며, 궁극적으로 교육의 성과output에 대한 책임을 묻는 방식의 개혁이라고 할 수 있다. 책무성 개혁은 다양한 배경과 다양한 논리로 이루어졌다. 복지국가 위기 국면에서 국가의 교육재정을 감축하려는 의도가 존재한 경우가 있으며, 교육 공급자들의 지대 추구 속성을 바꾸지 않고 투입을 늘리는 것은 밑 빠진 독에 물 붓기라는 인식이 강하게 작동한 경우도 있었다. 일본의 국립대학 법인화 정책이 전자의 사례라면, 한국의 5·31 개혁 정책은 후자에 가까운 것으로 판단된다. 각종 평가가 도입되고, 평가 결과를 재정 지원 및 급여와 연계하고, 교육 정보를 공개하여 소비자 선택을 돕는 등의 소위 신자유주의 정책 패키지가 책무성 개혁 과정에서 차례로 제도화되었다.

책무성 정책은 성과와 한계를 동시에 노정했다. 교육의 결과를 교육자들이 점검하고, 더 책임 있게 교육을 해야 한다는 생각, '한 명의 아이도 놓치지 않아야 한다no child left behind'는 생각이 확산한 것은 의미 있는 변화이다. 반면, '성과'는 매우 다의적인 개념이지만, 정치적으로 결정될 수 있기 때문에 권력자가 생각하는 '성과', 나아가 '교육' 개념이 폭력적으로 교육 현장에 침투한 것은 문제라고 할 수 있다.김용 외, 2018 대학 교육의 성과를 '취업률'만으로 판단하는 것이 전형적이다. 책무성 정책은 기본적으로 교육자를 불신하는 정책이다. 불신 정책으로는 전문가들에게 최상의 수행을 기대할 수 없다.Olssen, Codd, O'Neill, 2004 평가받는 교육자도 불만을 가지며, 최상의 성과를 기대하는 정부도 부족함을 느낄 수밖에 없는 것이 책무성 정책이다. 이런 연유에서 '책무성 이후'로 고민이 향한다. 사실 이 문제에 관하여 명확한 대안을 만들어 내지 못한 형편이다. 다만, '공동체'와 '민주주의'를 잠정적으로 의미 있는 대안으로 검토할 필요가 있다. 신자유주의 접근은 공급자의 지대 추구 행위를 문제의 핵심으로 겨냥하는 것인데, 공급자 개개인의 지대 추구는 '달걀 판'과 같은 학교 조직Lortie, 1972에서 '거룩한 삼위일체'라고 불려 온 개인주의와 보수주의, 현재주의를 숙주로 삼은 것이었다. '무정부 조직organized anarchy'과 같은 대학에서도 마찬가지다. 이런 사실을 염두에 두면, 공동체는 의미 있는 대안이 될 수 있다. 공동체로서의 학교에서는 전문 직업적 덕과 동료 의식을 빚어내기 때문이다. 공동체는 곧 리더십의 대체물leadership substitute이 될 수도 있다.Sergiovanni, 1992 그런데 공동체 중에는 사이비 공동체가 적지 않으며, '공동체다운 공동체'를 만들어 내는 일이 중요한 과제가 된다. 여기서 필수적인 것이 바로 '민주주의'다. 공동체 구성원이 자유롭게 자신의 목소리를 낼 수 있는 제도와 문화가 갖추어져 있을 때 공동체는 활력을 띤다. 민주주의의 기본 정신은 타인 존중이라고 할 수 있을 터인데, 이것이야말로 공동체를 형성하는 가장 근저의 정신일 수 있다. 이미 국내의 몇몇 혁신학교에서 공동체와 민주주의에 터한 새로운 학교운영의 실체를 보여 주었다. 외국에도 유사한 사례가 있지만, 이것을 국가 차원에서 어떻게 정책화할 것인가는 여전히 고민할 문제이다.

한편 '역량' 또는 '핵심 역량key competency'은 세계 여러 국가의 교육과정과 교수 방법, 나아가 평가의 일대 혁신을 촉발하는 중요한 개념이다. 이미 수년 전에 호주와 캐나다 등 여러 국가가 역량 배양을 중심으로 교육과정을 개혁했으며, 한국은 2015 교육과정에 역량을 명시했다. 일본은 '능동적 학습active learning'을 대대적으로 추진하고 있는데, 능동적 학습은 다분히 역량 개념을 전제한다. 사실 역량은 다분히 경제적 시각에서 제기된 개념이라고 할 수 있다. 학교교육, 더 구체적으로는 학교 지식의 무용성無用性을 문제 삼은 개념이다. 교육의 본질과 가치에 무관심하며, 지식교육을 지나치게 경시하며, 교육을 경제 활동의 수단으로 여기는 협소한 관점의 소산이라는 비판이 제기되기도 한다.Young, 2008 그러나 교육계에서는 역량을 학교교육의 불활성不活性 문제에 대한 처방으로 받아들이기도 한다. 더 의미 있는 학습과 더 의미 있는 삶을 준비하기 위한 학교교육의 근본 개념으로 역량을 차용하는 것이다. 강고하게 유지되고 있는 전통 교과의 재편과 지식 전달 방식의 수업 형태를 학생이 의미 있게 구성해 가는 수업으로 바꾸는 데에 역량 개념이 활용되고 있다. 이것은 듀이Dewey적 이상을 실현해 가는 과정이라고 간주되기도 한다. 하지만 역량 교육이 교사를 변화 주체와 교육과정 전문적 개발자로서 대우한다고 하면서도, 수행성performativity 문화와 책무성 체제가 강고해지는 상황에서 집행되고 있다는 사실에 유념할 필요가 있다.Priestley and Biesta, 2013

1980년대 중반부터 추진되어 온 세계 각국의 사회 개혁, 그리고 그 일환으로 이루어진 교육개혁은 세계와 각국의 사회를 새로운 모습으로 변모시켰다. 가장 중요한 변화는 다양한 층위에서 격차가 심화한 것이다. 세계 여러 국가는 개혁 이후 생활수준과 기회의 불평등이 확대되고, 사회 경제적 양극화가 심화하는 문제에 직면하고 있다. 사회 개혁과 직결되는 것은 아니지만, 기후 변화와 천연 자원 고갈, 사이버 보안과 개인 정보 보호 등도 각국 공통의 문제로 제기되고 있다. 세계화 과정에서 자본과 상품, 노동뿐만 아니라 사회문제도 전 지구적으로 확산한다. 이와 같은 세계 공통의 과제에 도전하는 것이 새로운 개혁 과제로 제기되고 있다. 국제기구가 앞장서고 있는데, UN은 선진국과 개도국 모두가 지속 가능한 인류의 발전을 위해 2030년까지 달성해야 할 목표를 '지속가능개발목표Sustainable Development Goals: SDGs' 라는 이름으로 제시하고 있다. 이 계획은 거의 모든 분야를 망라하고 있으며, 교육은 당연히 중요한 영역으로 제시된다. 교육 부문에서 세계 각국은 2030년까지 "포용적이고 공평한 양질의 교육 보장과 모두를 위한 평생학습 기회 증진"을 대목표로, 공평하고 양질의 무상 초·중등교육, 영·유아교육 및 보육에 대한 접근권 보장, 적정 비용의 양질의 기술교육과 직업교육 및 대학을 포함한 고등교육에 대한 평등한 접근 보장, 교육에서 양성 불평등 해소, 취약 계층의 교육권 보장, 성인의 수리력과 문해력 성취 보장, 지속 가능 교육 등 구체적으로 정책 의제를 제기하고 있다.유네스코 한국위원회, 2016

OECD는 급속한 과학기술 발전으로 불평등이 확산하고, 사회적 분열이 심화하며, 자원 고갈이 가속화하는 시점에서, 개개인의 넓은 의미에서의 복리well-being와 사회와 국가의 포용적이고 지속 가능한 미래를 뒷받침하기 위해 청년들이 노동할 수 있는 힘을 기르는 수준을 넘어, 더 적극적이고 높은 책임감을 가지고 참여하는 시민으로서의 역량을 갖추도록 교육을 혁신하여야 한다고 말한다. '학습자의 행위 주체성learner agency'이 불확실한 미래를 살아가는 최선의 도구일 수 있다고 보며, 이를 기르기 위하여 튼튼한 기초로서 문해력과 수리력을 다지고, 모든 학생이 자신의 열정을 키우고 자신의 학습 과정을 설계해 갈 수 있도록 지원하고 동기를 부여하는 개인별 맞춤 학습 환경personalized learning environment을 갖추도록 권한다. 이런 관점에서 교육과정 및 교육 체제 변화를 위한 여러 가지 원칙을 제시한다.OECD, 2018

3.
한국 사회의 현실과
한국 교육의 도전 과제

교육정책 환경의 미래를 전망한 부분에서 언급한 것처럼 한국은 경제(와 산업), 그리고 인구(와 지역)라는 두 가지 큰 위기 요인에 봉착해 있다. 경제 요인이 가장 중요하고, 인구 요인이 여기에 결합하면서 '정체'와 '격차, 그리고 사회적 분리' 상황에 직면해 있다.

1990년대 들어서면서부터 우리 경제는 중화학 공업 중심에서 탈피하여 지식 기반 경제를 지향하고자 했다. 지식 기반 경제는 일차적으로 첨단 산업 또는 지식 집약적 경제 활동을 일컫는 것이지만, 이것을 포함하여 지식의 창의적 개발과 생산적 활용을 모든 경제 활동에서 활발하게 수행하는 경제를 의미한다.장석인, 1999: 양재진·정형선·김혜원·이종태, 2008: 107에서 재인용 실제로 한국은 1985년부터 1996년 사이에 지식 기반 산업의 성장률이 세계 최고 수준이었다. 1960년대 초 섬유에서, 1970년대 중화학공업으로, 이후 전자, 전기, 자동차, 선박 등 제조업으로, 그 후에는 반도체, LCD, 통신 등 IT 산업으로 산업이 전환되었다.문진영, 2007; 양재진·정형선·김혜원·이종태, 2008: 107에서 재인용 하지만 IMF 구조 조정 이후 산업 구조의 양극화가 빠르게 심화하면서, 경제의 어려움이 지속되고 있다. 대기업 중심의 수출은 지속되었지만, 수출과 내수 산업 간의 연관이 약화하면서, 중소기업의 고전이 계속되고 있다.박양수·공철·황상필, 2005; 양재진·정형선·김혜원·이종태, 2008: 108에서 재인용 일본의 경우 세계 시장에서 선전하는 히든 챔피언hidden champion 중소기업이 잃어버린 20년 기간에도 일본 경제를 굳건히 받쳐 주었지만, 한국의 경우는 고용의 90% 이상을 차지하는 중소기업이 부진에서 헤어나지 못하면서 고용 위기가 심각해지고 있다. 또, 한 가지 중요한 변화는 이 시기에 서비스 산업이 상당히 확대되었다는 사실이다. 그런데 대개 음식점이나 숙박업과 같은 단순 서비스 부문이 확대되어 부가 가치 창출도 미미하고 고용도 확대하지 못하는 실정이다. 단순 서비스 산업이 확대되면서 고용 불안과 소득 양극화가 심화하고 있다.양재진·정형선·김혜원·이종태, 2008: 108~109 세계화의 파고는 산업의 양극화와 고용 불안을 부추기는 요인으로 작용하고 있다. 세계화 과정에서 경쟁력을 상실한 기업과 산업 분야가 분명해지며, 실업과 사회적 불안, 빈곤이라는 문제가 연쇄적으로 발생하고 있다. 교육제도와 직업 훈련 체제가 산업 구조 변화에 신속하게 대응할 수 있도록 정비되지 않은 탓에 청년 실업이 급증하고, 산업 경쟁력이 약화하고 있다. 저출생과 고령화가 급진전하면서 생산 가능 인구가 줄어드는 것이 경제 위기의 또 하나의 중요한 원인이 되고 있다.

경제 위기는 두 가지 중요한 문제를 파생한다. 첫째, 소수 대기업이 주도하는 수출 중심 경제는 노동 시장의 분단分斷과 소득의 분단을 초래하였고, 이로 인해 사회 계층 구조의 양극화가 심화하고 있다. 한 통계 조사[그림 II-6]에 따르면, 자녀 세대가 부모 세대보다 잘 살 것이라고 생각하는 사람들의 비율은 절반으로 줄었고, 그 반대 비율은 10배

증가했다. 사회적 역동성이 심각한 수준으로 저하하고 있으며, 경제는 말할 것도 없고 사회의 지속 가능성에 의문이 제기된다. 둘째, 경제 위기는 지역 소멸을 앞당긴다. 대기업 중심의 경제 구조는 달리 표현하면 수도권 중심의 경제와 사회를 의미한다. 대기업이 수도권에 몰려 있기 때문이다. 인구 습격이 경제 위기와 결합하면서 지역 소멸이 빠른 속도로 진행되고 있다.

이 두 가지 문제는 그동안의 열악한 사회 정책과 결합하면서, 한층 심각한 수준에 이르고 있다. 또한 사회 정책 자체가 한국 사회의 또 다른 문제라고 할 수 있다. 즉, 그동안 한국의 사회 정책은 성장에 필요한 최소한의 사회 정책 제공, 국가 재정의 최소화와 수익자 부담, 근로 유인의 저해 방지 설계를 중심 요소로 삼는 '최소주의 사회정책'이었다.^{정책기획위원회, 2018} 김대중, 노무현 정부에서 사회복지를 강화하기 위하여 노력했지만, IMF 위기 극복과 정치적 불안정 상황에서 사회 정책의 방향을 전환하지는 못했다. 그래도 사회복지의 중요성이 인식되면서, 2010년 이후 사회 지출이 GDP 10%에 도달해 복지국가 초기 단계에 진입했다. 이것은 유럽의 1960~1970년대 수준이다.^{정책기획위원회, 2018} 정리하자면, 한편으로는 고부가 가치 지식 기반 제조업과 지식 기반 서비스 산업을 육성하고, 사회복지를 강화해 사회 통합의 기반을 갖추는 일이 중요하다.

현실을 위와 같이 인식할 때, 한국 교육의 도전 과제를 다음과 같이 정리할 수 있다.

첫째, 교육 격차를 완화하여 사회적 역동성을 되살려야 한다. 현재는 사회 경제적 격차가 교육 격차를 만들어 내고, 교육 격차가 다시

사회 경제적 격차를 만들어 내는 악 순환 고리에 빠져들고 있다. 이렇게 된 데에는 다음과 같은 요인이 존재한다. ① 격차는 매우 이른 시기부터 발생하기 시작한다.김기헌·신인철, 2011 또 선행 연구 결과는 고교 졸업 또는 대학 입학 단계에서 특별 전형 형태로 격차를 시정하거나, 성인이 된 후에 소득 지원 방식으로 대응하는 것보다는 영·유아기 돌봄과 교육의 질을 높이는 것이 가장 효과적임을 보여 준다.Heckman, 2008 그러나 최소주의 사회 정책 아래서 영아기의 보육과 유아교육은 거의 학부모의 손에 맡겨졌다. 대학 등록금보다 비싼 유아 교육기관에서 교육을 받는 어린이가 있는가 하면, 충분한 보살핌마저 받지 못하고 방치되어 있는 아이들도 존재한다. 국가의 정책 개입을 조기화하고, 양질의 보편적인 취학전 교육 체제를 구축해야 한다. ② 학교, 특히 고등학교 체제가 격차 형성의 직접적 통로가 되고 있다. 좋은 고등학교에 가면 좋은 대학에 갈 가능성이 높아지고, 좋은 대학을 졸업하면 좋은 직장에 취직하여 품위 있는 삶을 살 수 있는 연결고리가 구축되고 있는 것이다. 그동안 학교 다양화라는 명분을 내걸고 고등학교 유형을 지속적으로 세분화해 왔지만. 사실은 학교 다양화가 아니라 학교 서열화였다. 현재의 고교 체제는 현실적으로 사회적 폐쇄social closure 기제로 작동하고 있다. 격차는 발생할 수밖에 없지만, 그 시점을 가능한 뒤로 미루려는 정책적 노력은 중단하지 않아야 한다. ③ '소수의 좋은 대학'에 진학해 생계를 유지하는 것 외에 직업교육을 받고 품위 있게 살 수 있는 사회적 경로를 구축하지 못한 것이 격차 확대와 깊이 관련된다. 현실적으로 저소득 계층은 전문계 고교와 전문대학에 진학하는 경우가 많다. 그런데 현재의 전문계 고교와 전문대학은 고교와 대학 서열 체계의 바닥에 위치한다. 고교와 대학에 다니는 학생들이 재학 중에 자존감을 살릴 수도 없으며, 졸업 후에 좋은 경제적 대우를 받지도 못한다. 저소득 계층이 무상, 또는 최소 비용으로 양질의 직업기술교육을 받을 수 있도록 보장하고, 이들이 여러 기업에 취업해 실력을 발휘하고 그에 합당한 처우를 받을 수 있어야 한다.

둘째, 지식 기반 경제에 경쟁력을 갖춘 인력을 양성하고, 선진적인 평생직업교육 체제를 구축하는 일이 교육정책의 중요한 과제가 된다. 세계화한 경쟁 상황에서 인재의 질이 그 사회의 수준을 결정한다. 이것은 직접적으로는 고등교육의 혁신과 관련된다. 1995년 교육개혁 이후 숱한 대학 재정 지원 사업을 추진하고 대학 재정도 늘렸지만, 대학의 교육력이 뚜렷하게 향상되었다고 볼 수 있는 증거는 없다. 세계적 경쟁력을 갖춘 대학을 어떻게 육성할 것인가, 또는 공유 개념을 적극 활용하여 경쟁력 있는 대학 체제를 어떻게 형성할 것인가라는 문제가 중요하게 부각된다. 아울러 대학원 교육을 어떻게 재구축할 것인가 역시 중요한 과제가 된다. 고등교육이 보편화한 상황에서 첨단 학문 연구라는 과업이 대학원에 부과되고 있다. 그러나 현실은 매우 암담하다. 서울대 대학원의 적지 않은 전공이 입학 정원을 채우지 못하는 현실이 위기 상황을 잘 보여 준다. 국내에서 학문 연구 체제를 잘 갖추고 우수 인재를 기를 수 있어야 한다.

우수한 인적 자원 개발이라는 과제가 반드시 고등교육에만 관련되는 것은 아니다. 초·중등교육의 혁신도 중요한 과제이다. '창의성과 시민의식'을 갖춘 인재를 어떻게 기를 것인가, 이를 위해 교육과정과 수업, 평가를 어떻게 바꿀 것인가는 중요한 문제가 된다.

인재 양성은 학교교육을 넘어 양질의 보편적인 평생직업교육 체제를 구축하는 일과도 관련된다. 생애 처음 취업해 하나의 직장에서 정년을 맞이하는 사람의 비율이 급속히 낮아지고 있다. 재취업을 지원할 수 있는 평생학습 체제를 충실하게 갖추어야 한다.

모든 단계의 교육에서 책임 체제를 확립하는 일이 인재 양성에서 매우 중요하다. 한국 교육의 특징 중 하나는 입학 단계의 선발은 있어도 교육의 과정과 졸업 단계의 질 관리는 매우 취약하다는 것이다. 다소 과한 표현일 수 있지만 '무책임 교육 체제'라고 불러도 좋다. 1/2+1/3＝2/5라고 답하는 학생이 고등학교에 진학하고 대학에 진학하는 것이 현실이다. 각 교육 단계마다 책임 있게 학생을 교육하지 못하면, 학교급이 높아질수록 학생의 학습 격차가 악화한다. 학생 개인은 아무 의미 없이 학교에 시간을 보내게 되며, 사회적으로 큰 낭비이자 부담 요인이 된다. 책임교육 체제를 확립하는 일이 인재 양성에서 중요하다.

셋째, 교육 체제 구조 조정의 과제가 존재한다. 한국은 매우 빠른 속도로 인구가 증가하다가 매우 빠른 속도로 인구가 감소하고 있다. 인구 감소는 지역에 따라 상당히 다른 속도로 진행되며, 지역의 사회경제적 기반 역시 매우 불균등해지고 있다. 해방 이후 초등학교, 중학교, 고등학교, 대학 순으로 학교가 팽창해 왔으나, 이제는 학생이 급감하는 상황이며, 그 정도는 지역에 따라 매우 다르다. 도 단위 지역의 경우 학교가 수용했던 최다 학생 수 대비 현재의 학생은 대략 30%에 머무르고 있다. 정상적 교육 활동을 수행하기 어려운 소규모 학교가 매우 빠르게 증가하고 있다. 대학의 경우는 상황이 더 심각해 경영을 지속하기 어려운 한계 대학이 발생하기 시작했으며, 앞으로 그 속도는 가속화할 것이다. 교육기관과 인적·물적 자원을 효율적으로 구조 조정하는 과제에 직면해 있다.

구조 조정은 슬기롭게 추진해야 한다. 지역 소멸을 촉진하는 것이 아니라 지역 재생을 지원하는 방향으로 교육 체제를 재구조화해야 한다. 교육은 지역 생태계를 살리는 매우 중요한 요소이다. 학교가 폐교된 곳에 지역이 곧 소멸되는 것은 이를 잘 보여 준다.

4.
정책 기조와 전략

현시점에서 교육정책은 모든 공동체 구성원이 적정 수준의 삶을 영위할 수 있는 역량을 길러 주는 양질의 보편 교육 체제를 확립하고, 교육 혁신을 통하여 세계적 경쟁력을 갖춘 우수 인재를 양성하는 일, 마지막으로 지역 재생과 교육 질 제고를 위하여 교육 구조 개혁을 단행하는 일에 중점을 두어야 한다. 이 과제를 상설하면 다음과 같다.

첫째, 모든 시민들이 자신의 소질과 적성을 최대한 신장하여 자기주도적으로 삶을 살아갈 수 있는 힘을 기르는 보편적 교육 체제를 구축한다. 누구나 평생에 걸친 교육에 접근할 수 있고, 교육기관에서는 적정 수준까지 학습자의 역량을 끌어올려 주어야 한다. 이 일은 세 주체에게 더 많은 책임을 요구한다. ① 국가의 책임이다. 기간 학제를 확장하는 일에 국가가 더 많은 정책 역량을 투입해야 한다. 그동안 학부모나 민간에게 부담을 지웠던 영·유아교육을 기간 학제에 편입하고, 국가가 책임을 다해야 한다. ② 교육기관과 교사의 책임이다. 어떤 학습자가 교육기관에 들어오면, 기관과 교사는 그 학습자가 일정 수준에 도달할 수 있도록 보살피고 교육할 책임을 진다. ③ 학습자와 보호자의 책임이다. 국가와 교육기관이 적절한 체제를 구축하더라도 행위 주체성을 발휘할 궁극의 주체는 학습자 자신이며, 이를 보살필 책임은 부모에게 있다.

둘째, 평등한 교육 체제를 수립하여, 사회 통합과 포용 사회의 기반을 구축해야 한다. 사회 경제적 격차가 교육 격차를 만들어 내고, 교육 격차가 사회 경제적 격차를 심화하는 일이 현실이다. 이 과제는 앞서 말한 보편적 교육 체제를 수립하는 일과 상당 부분 중복될 수 있으나, 책임과 함께 평등을 특별히 강조할 필요가 있다. '평등'은 불합리한 차별의 배제를 넘어선다. 사회적 약자에 대한 예방적 지원과 지역 균형 발전까지도 평등의 맥락에서 검토할 필요가 있다. 교육 체제상의 불평등 요소를 제거하는 일, 사회적 약자와 열악한 형편에 있는 교육기관과 지역을 우선 지원하는 일이 필요하다. 교육이 사회적 분리를 심화하기보다 사회 통합을 촉진하는 기제가 되어야 한다.

셋째, 개별 교육기관이 경쟁력을 갖춘 질 높은 기관이 될 수 있도록 한다. 교육기관의 교육력이 지금보다 높아져야 한다. 교사 주도의 자발적 학교 혁신 운동은 학교 변화의 모범을 보여 주었지만, 전국화와 지속 가능성이라는 과제에 직면해 있다. 대학 교육은 너무 많은 개선 과제를 안고 있다. 한국의 대학은 아시아 고등교육의 중심이 된다는 방향성을 내걸어야 한다. 아시아 여러 국가에서, 세계 여러 국가에서 오는 학생들이 한국 대학에서 공부하면 상당한 실력을 쌓을 수 있다는 신뢰를 형성할 수 있어야 한다. 전국 각지에 세계적 경쟁력을 갖춘 대학이 산재하고, 그 대학을 중심으로 지역과 산업이 생태계를 구축하여 지역 재생을 촉진할 수 있어야 한다.

마지막으로, 공유를 기반으로 구조 개혁을 단행해야 한다. 한국 사회는 팽창기에서 수축기로 진입했다. 남북 화해 협력, 나아가 통일이 중요한 변수가 될 수 있겠지만, 그 변수를 제외하면 변화의 방향은 자명하다. 팽창기에 구축된 학교 제도와 인구 급감기의 지역 실정이 조응하지 않는 지역이 상당하다. 급속한 양적 팽창기에 질적 수준을 담보하지 못한 채 문을 열었던 학교 가운데, 또는 비교적 건실하게 운영해 왔더라도 이제 한계에 봉착한 학교가 속출하고 있다. 이들은 새로운 전환을 모색해야 한다. 개별 기관의 역량만으로 충분하지 않을 때에는 기관 간 연합 체제를 구축하는 방안도 검토해야 한다. 나아가 학교와 학교 밖 교육기관이나 시설, 프로그램과도 유기적 연계 체제를 구축해, 튼튼한 평생학습 체제를 구축할 필요가 있다. 교육 구조 개혁은 교육기관의 질을 제고하고, 지역 재생을 도모하는 중요한 일이다.

이상의 내용을 중심으로 향후 교육정책의 중점을 다음 네 가지로 정리할 수 있다.

1. 더 많은 책임을 나누기Taking More Responsibility
2. 평등을 강화하기Strengthening Equality
3. 질을 높이기Enhancing Quality
4. 공유를 중심으로 구조조정하기Sharing-Based Restructuring

위의 방향에서 정책을 펼칠 때 다음과 같은 전략을 검토할 필요가 있다. 전략의 핵심은 거버넌스를 구축하기, 민주주의를 강화하기, 균형 잡기에 있다.

거버넌스를 연계와 협력 체제 구축하기라는 수준으로 다소 느슨하게 이해하면, 향후 교육정책을 수립하고 집행하는 과정에서 다양한 층위에서 거버넌스를 구축하는 일이 중요하다. 먼저 국가와 지방교육 행정기관, 나아가 교육기관(연합)과의 거버넌스를 구축해야 한다. 현재 추진 중인 학교교육에서의 지방분권은 교육에서의 중앙정부와 지방정부 간 거버넌스 구축 과정으로 이해할 수 있다. 고등교육의 경우, 국가와 대학 간에도 거버넌스를 구축해야 한다. 국립대학의 경우, 대학 연합의 거버넌스를 구축하고 국가와 대학 연합이 적절한 책임을 분담해야 한다. 교원 양성 개편 과정에서도 국가와 교원 양성 대학들 간의 거버넌스 구축이 필요하다.

둘째, 지역 재생을 위해서는 지역에 고도의 교육 거버넌스를 구축할 필요가 있다. 지역에 소재한 교육기관과 지방교육행정기관은 말할 것도 없고 지방자치단체와 산업체 등이 참여하여 지역의 교육과 산업, 고용과 복지를 함께 논의할 수 있어야 한다.

민주주의는 경쟁과 평가 중심의 신자유주의 변화 기제에 대안이 될 수 있다. 민주주의를 강화하는 일이 대안적 교육 변화 전략이 될 수 있다. 그동안 교육 민주주의 대표 기구로 교사회와 교수회가 자주 논의되어 왔다. 교육자들의 민주주의 기구였다고 할 수 있다. 그런데 이런 접근에는 학습자가 빠져 있다. 학습자의 의사와 평가는 교수자들의 변화를 촉진하는 중요한 매개물일 수 있다. 학습자들이 자유롭게 의사를 표현하고, 결정 과정에 참여할 수 있는 구조를 갖추는 일이 중요한 이유다.

균형 잡기는 모든 일에 중요하다. 신자유주의 교육정책이 많은 비난을 받지만, 그것을 모두 악하다고 볼 수는 없다. 자치 분권이 항상 선한 것도 아니다. 평등성과 수월성 중 어느 하나만 선택할 수 있는 것도 아니다. 균형을 잡는 일이 중요하다. 고등교육을 혁신할 때에는 역량 배양capacity building과 함께 신자유주의 질 관리neoliberal quality control 기제를 활용할 수도 있다. 모든 평가를 없애는 일이 능사는 아니다. 보편적 교육 체제를 갖추는 일이 중요하지만 첨단 인재를 길러내는 일도 중요하다. 역량을 기르는 일도 중요하지만, 주지 교과를 철저하게 학습하는 일 역시 중요하다. 자치 분권을 심화해야 하지만, 자치 분권의 문제점을 내다보고 준비하는 일도 중요하다.

이미 기울어진 운동장이 형성된 경우에는 특별한 노력을 기울여서 운동장을 바로잡아 주는 일도 균형 잡기가 될 수 있다. 서울 중심의 교육 구조를 바로잡기 위해서 국가의 정책 역량을 서울 이외의 지역에 우선 투입해야 한다. 지역에 산재한 국립대학을 우선 지원하는 일은 이런 맥락에서 중요하다. 좋은 교육기관을 설립할 계획이 있다면, 지역에 우선 세워야 한다.

5.
교육개혁과 학교자율운영

 앞에서 살펴본 교육정책의 중장기 방향을 음미해 보면 국가가 주도하여 전국적 차원에서 시행해야 하는 정책보다는 지역 또는 개별 교육기관에서 자율적으로 시도해야 할 도전 과제가 적지 않음을 알 수 있다. 책임과 평등, 질과 공유를 향후 교육정책의 핵심 가치라고 간주할 때, 이 모든 일은 국가가 모종의 제도나 정책을 통해 전제 조건을 형성해 줄 수는 있지만, 실질적으로는 오로지 학교와 같은 개별 기관의 구성원들이 완수할 수밖에 없는 성격의 것들이다. 국가가 공립 유치원을 확대하고 중등 직업교육 체제를 정비하는 방식으로 교육에 관한 공적 책임을 제고할 수는 있지만, 책임교육은 궁극적으로 교사들의 중요한 사명이 될 수밖에 없다. 서열화한 학교 체제를 평등한 체제로 전환하는 일은 국가의 과제이지만, 학교 안에서, 나아가 교육 운영 전반에서 평등의 가치를 진작하는 일은 학교와 교사들에게 달렸다. 양질의 교육을 제공하기 위한 조건을 정비하는 일은 국가의 몫이지만, 창의적으로 수업을 계획하고 실행하는 일은 교사의 가장 중요한 과업이다. 공유 체제를 가능하게 하는 제도를 갖추는 일은 국가가 해야 하지만, 공유의 시너지를 발생시키는 일은 학교와 교사의 슬기에 의존할 수밖에 없다.

이미 언급한 것처럼 수업도 학교운영도 공산적 성격의 일이다. 수업이 교사만의 일이 아닌 것처럼 학교운영 역시 교장 단독의, 또는 교장과 몇몇 교사만의 일인 것은 아니다. 좁게 보면 교장과 교직원의 일이지만, 조금 넓게 생각하면 학생과 학부모의 일이기도 하다. 오히려 어떤 점에서는 학생이야말로 새로운 학교운영의 가장 중심에 자리해야 한다. 더 넓게 생각하면 개별 학교 울타리를 넘어 지역을 배경으로 이웃 학교와 연대하는 일이 되어야 한다. 학교 안에 튼튼한 공동체를 구축하고 민주주의의 기풍을 확립하는 일, 지역 안의 학교들이 네트워크를 형성하고 동반 혁신하는 일이 새로운 학교자율운영의 과제가 된다. 책임과 평등, 질과 공유는 학교 안에서 실현해야 하는 가치인 동시에 지역, 나아가 국가적 견지에서 달성해야 하는 소망이기도 하다. 새로운 학교자율운영이 이런 변화의 핵심에 있다.

참고 문헌

강선영(1998). 현대 윤리학의 중심 개념으로서 책임의 문제-한스 요나스의 책임의 원리를 중심으로. 신학연구 39, 5~24.

강호수 외(2017). 교육청 조직문화 연구: 경기도교육청을 중심으로. 경기도교육연구원.

강태중 외(2016). 지능정보사회를 위한 교육 발전 전략 구상. 한국교육개발원.

교육개혁심의회(1987). 최종 보고서 I-10대 교육개혁.

국제미래학회·한국교육학술정보원(2017). 제4차 산업혁명 시대 대한민국 미래 교육 보고서. 파주: 광문각.

김기헌·신인철(2011). 생애 초기 교육 기회와 불평등: 취학 전 교육 및 보육 경험의 사회계층 간 격차. 교육사회학연구 21(4), 29~55.

김동희(2004). 행정법 I(제10판). 서울: 박영사.

김성준(2012). 공공선택론: 정치·행정의 경제학적 분석. 서울: 박영사.

김영화(2009). 형평성의 관점에서 평가한 미국의 협약학교. 한국교육 36(1), 45~72.

김용(2010). 교육규제완화의 헌법적 통제. 충북대학교 대학원 법학박사 학위논문.

김용(2012). 교육개혁의 논리와 현실. 파주: 교육과학사.

김용(2017a). 법화사회의 진전과 학교 생활세계의 변용. 교육행정학연구 35(1), 87~112.

김용(2017b). 교육 내용 행정의 법화와 수업 생활세계의 변용. 교육정책연구 1(3), 25~44.

김용·강명숙·김영석·박동열·박상옥·윤상준(2019). 교육정책 중장기 방향과 과제 수립을 위한 연구. 교육부.

김용·김민희·반상진·송경오·이차영·정바울(2018). 대학평가의 정치학. 서울: 학이시습.

김용·김혁동·송경오·정바울(2015). 단위학교 자율경영체제 연구. 경기도교육청 정책연구보고서.

김용·류현진·이준범(2017). 학교자율운영체제 모델링을 위한 혁신학교 교사, 학생, 학부모 자치사례 연구. 서울특별시 교육연구정보원 교육정책연구소 정책연구보고서.

김용·박대권(2018). 문민정부 교육개혁과 OECD: 국제기구의 영향과 글로벌 교육정책 장으로의 편입. 교육정치학연구 25(2), 83~109.

김용·성열관·신철균·양성관(2017). 학교교육과정의 자율성과 학사 운영의 민주성 확대를 통한 민주주의 확립 방안 연구. 전국시도교육감협의회 정책연구보고서.

김태훈(2014). '책임' 덕목에 관한 연구. 도덕윤리과교육 43, 1~19.

류방란(2005). 수업 통제 방식을 통해 본 교사 문화. 한국교원교육연구 22(1), 285~307.

서울특별시 교육연구정보원 교육정책연구소(2016). 학교급별 범교과 학습 교육과정 운영의 발전적 방안 연구.

성삼재(2000). 영국의 교육재정 제도. 교육재정경제연구 9(1), 85~122.

손준종(2014). 전 지구적 교육거버넌스로서의 PISA의 출현과 국가 교육에 대한 영향. 교육사회학연구 24(3), 131~160.

손준종(2017). 한국 교육의 사회적 풍경: 교육사회학의 주요 쟁점. 서울: 학지사.

스테판 에셀(2011). 분노하라. 임희근 옮김. 파주: 돌베개.

신광식·이주호(1995). 교육개혁의 과제와 방향: 경제적 접근. 한국개발연구원.

신상명 외(2009). 학교 자율 경영. 서울: 원미사.

양재진·정형선·김혜원·이종태(2008). 사회정책의 제3의 길. 서울: 백산서당.

오욱환(2010). 베버 패러다임 교육사회학의 구상. 서울: 이화여자대학교 출판부.

유네스코 한국위원회(2016). 교육 2030 인천 선언과 실행 계획.

이민영·백원석·조성현(2017). 학생자치를 말하다. 서울: 에듀니티.

이상덕(2010). 영조물에 관한 연구-공공성 구현 단위로서 '영조물' 개념의 재정립. 행정법연구 26, 281~321.

이윤미·손지희(2010). 스웨덴 교육에서의 학력관 및 국가수준학업성취도평가: 사회적 함의와 시사점. 교육문제연구 38, 22~57.

이종재·이차영·김용·송경오(2012). 한국 교육행정론. 파주: 교육과학사.

이주호·홍성창·박혜경(2006). 평준화를 넘어 다양화로. 서울: 학지사.

이철국(1991). 전교조, 참교육을 위한 투쟁과 시련의 2년. 역사비평 14, 327~361.

정범모(편)(1991). 교육 난국의 해부: 한국 교육의 진단과 전망. 서울: 나남.

정정길(2000). 행정학의 새로운 이해. 서울: 대명출판사.

정진화(2014). 교사 주도 학교개혁 운동의 등장. 교육사회학연구 24(2), 243 ~276.

정책기획위원회(2018). 국민의 삶을 바꾸는 포용과 혁신의 사회정책.

한병철(2012). 피로사회. 김태환 옮김. 서울: 문학과 지성사.

한병철(2014). 투명사회. 김태환 옮김. 서울: 문학과 지성사.

허경일(2013). 국가 수준 학업성취도평가에 대응한 교사의 경험 연구. 청주교육대학교 석사학위논문.

호사라·전재현(2006). 미국의 사례가 학업성취도평가 중심의 학력 향상 정책 개발에 주는 시사점. 교육평가연구 19(1), 73~99.

市川昭吾(2006). 教育の私事化と公教育の解体. / 김용 옮김(2013). 교육의 사사화와 공교육의 해체. 파주: 교육과학사.

遠藤孝夫(2004). 管理から自律へ-戰後ドイツの学校改革. 東京: 勁草書房.

佐藤学(1999). 教育改革をデザインする. / 손우정 옮김(2001). 교육개혁을 디자인한다. 서울: 공감.

藤田英典(2007). 21世紀の教育問題と教育改革の方向. 都市問題研究 第5号.

結城 忠(1994). 親の教育權の法的性質と內容 親の学校教育參加權. 学校教育における親の權利. 海鳴社.

結城 忠(2002a). ドイツの学校法制と学校法学(1): 校長の法的地位. 季刊 教育法 134号. エイデル研究所. 51~65.

結城 忠(2002b). ドイツの学校法制と学校法学(2): 教育主權と國家の学校監督權. 季刊 教育法 135号. エイデル研究所. 49~55.

結城 忠(2003). ドイツの学校法制と学校法学(4): 教育主權と國家の学校監督權(3). 季刊 教育法 137号. エイデル研究所. 70~77.

結城 忠(2009). 教育の自治 分權と学校法制. 東京: 東信堂.

Anschütz, G.(1912). *Die Verfassung=Urkunde für den Preuβ ischen Staat.*

Avenarius, H. and H. Heckel(2000). *Schulrechtskunde.* Luchterhand.

Becker, H.(1954). Die verwaltete Schule, In: *Merkur.*

Bildungskommission Nordrhein-Westfalen(1995). *Zukunft der Bildung- Schule der Zukunft.*

Bölling, R.(1978). *Volksschullehrer und Politik*.

Clausnitzer, L.(1891). *Geschichte des Preuβ ischen Unterrichtsgesetzes*.

Heckel, H. and P. Seipp(1976). *Schulrechtskunde*.

Landé, W.(1933). *Preuβ ische Schulrecht*.

Mayer, O.(1924). *Deutsche Verwaltungsrecht*.

Nevermann, K.(1982). *Der Schulleiter*.

Schulbehörde der Hansestadt Hamburg(Hrsg.)(1952). *Selbstverwaltung der Schule in der Demokratie*.

Staupe, J.(2001). *Schulrecht von A-Z*.

Tews, J.(1913). *Grundzüge der deutschen Schulgesetzgebung*.

Anagnostopoulos, D., and Bautista-Guerra, J.(2013). Trust and numbers: constructing and contesting statewide student information systems. In Anagnostopoulos, D., S. Routledge, and R. Jacobson(eds.)(2013). *The Infrastructure of Accountability: Data Use and the Transformation of American Education*. Cambridge, MA: Harvard Education Press, 41~56.

Anagnostopoulos, D., S. Routledge, and R. Jacobson(eds.)(2013). *The Infrastructure of Accountability: Data Use and the Transformation of American Education*. Cambridge, MA: Harvard Education Press.

Andere, E.(2008). *The Lending Power of PISA: League Tables and Best Practice in International Education*. Hong Kong: Comparative Education Research Center.

Angus, L.(1993). Democratic participation or efficient site management: the social and political location of the self-managing school. in Smyth, J.(ed.). *A Socially Critical View of the Self-Managing School*. London: The Falmer Press, 11~33.

Australian National Accounts. National income, expenditure and products. http://www.abs.gov.au/ausstats/abs@.nsf/mf/5206.0

Ball, S.(1993). Self-management and entrepreneurial schooling in England and Wales. in Smyth, J.(ed.). *A Socially Critical View of the Self-Managing School*. London: The Falmer Press, 11~33.

Ball, S.(2008). *The Education Debate*. Bristol: The Policy Press.

Ball, S.(2003). The teacher's soul and the terrors of performativity. *Journal of Education Policy* 18(2), 215~228.

Bieber, T.(2016). *Soft Governance, International Organizations and Education Policy Convergence: Comparing PISA and the Bologna and Copenhagen Processes.* London: Palgrave Macmillan.

Boyd, W.(1964). *The History of Education*(7th and enlarged ed.). London: Adam & Charles Black. 이홍우·박재문·유한구 공역(1994). 서양교육사. 서울: 교육과학사.

Brien, A.(1998). Professional ethics and the culture of trust. *Journal of Business Ethics* 17(4), 391~409.

Caldwell, B. and Spinks, J.(1988). *The Self-Managing School.* Lewes: The Falmer Press.

Chubb, J. & Moe, T.(1990). *Politics, Markets, and America's Schools.* Washington: The Brookings Institution.

Codd, J.A.(1999). Educational reform, accountability and the culture of distrust. *New Zealand Journal of Educational Studies* 34(1), 45~53.

Cuban, L.(2012). Reforming business, reforming schools: outsourcing as a fad. https://larrycuban.wordpress.com/2012/12.(2018년 11월 18일 인출)

Davis, N.(2000). *The School Report: The Hidden Truth about Britain's Classrooms.* Vintage. 이병곤 옮김(2007). 위기의 학교: 영국의 교육은 왜 실패했는가. 서울: 우리교육.

Deci, E. and Flaste, R.(1995). *Why We Do What We Do: Understanding Self-Motivation.* Penguin Books. 이상원 옮김(2011). 마음의 작동법: 무엇이 당신을 움직이는가. 서울: 에코의서재.

Demaine, J.(1993). The new right and the self-managing school. In Smyth, J.(ed.). *A Socially Critical View of the Self-Managing School.* London: The Falmer Press, 35~48.

du Gay, P.(1996). *Consumption and Identity at Work.* London: Sage Publications.

Dewey, J.(1916). *Democracy and Education.* New York: Macmillan.

Henry, M., Lingard, B., Rizvi, F. and Taylor, S.(2001). *The OECD, Globalisation and Education Policy.* Bingley: Emerald.

Elmore, R.(1979-80). Backward mapping: implementation research and policy decision. *Political Science Quarterly* 94(4), 601~616.

Elmore, R.(1990). Introduction: on changing the structure of public schools. in Elmore, R. and Associates(eds.). *Restructuring Schools: The Next Generation of Education Reform*. San Francisco: Jossey-Bass Publishers, 1~28.

Elmore, R. F.(2004). *School Reform from the Inside Out: Policy, Practice, and Performance*. Cambridge: Harvard Education Press.

Fenwick, T., Mangez, E., and J. Ozga(eds.)(2014). *Governing Knowledge: Comparison, Knowledge-Based Technologies and Expertise in the Regulation of Education*. London: Routledge.

Fullan, M. and Hargreaves, A.(1996). *What's Worth Fighting for in Your School*. 최의창 옮김(2006). 학교를 개선하는 교사. 서울: 무지개사.

Fuller, B.(2008). Overview: Liberal learning in centralizing states. in Bruce Fuller, Henne, M. K., and Hannum, E.(eds.). *Strong States, Weak Schools: The Benefits and Dilemmas of Centralized Accountability (Research in sociology of education vol. 16)*. Emerald.

Fusarelli, L. D.(2002). Tightly coupled policy in loosely coupled systems: Institutional capacity and organizational change. *Journal of Educational Administration* 40(6), 561~575.

Goodman, J.(1995). Change without difference: school restructuring in historical perspective. *Harvard Education Review* 65(1), 1~29.

Haas, P.(1992). Introduction: epistemic communities and international policy coordination. *International Organization* 46(1), 1~35.

Hargreaves, A. and Fullan, M.(2012). *Professional Capital: Transforming Teaching in Every School*. 진동섭 옮김(2014). 교직과 교사의 전문적 자본: 학교를 바꾸는 힘. 서울: 교육과학사.

Hargreaves, A. and Shirley, D.(2009). *The Fourth Way: The Inspiring Future for Educational Change*. 이찬승·김은영 공역(2015). 학교교육 제4의 길-학교교육 변화의 역사와 미래방향. 서울: 교육을 바꾸는 책.

Hartley, D.(1993). The evaluative state and self-management in education: cause for reflection? in Smyth, J.(ed.). *A Socially Critical View of the*

Self-Managing School. London: The Falmer Press, 99~115.

Hazeldine, T.(1998). *Taking New Zealand Seriously*. Auckland: Harper Collins.

Henry, M., B. Lingard, F. Rizvi, and S. Taylor(2001). *The OECD, Globalization and Education Policy*. Bingley: Emerald.

Herzberg, F.(1966). *Work and the Nature of Man*. Cleveland, OH: World.

Hirshman, A. O.(1977). *The Passions and the Interests: Political Arguments for Capitalism Before its Triumph*. Princeton: Princeton University Press.

Hoy, W. K. & Tschannen-Moran, M.(1999). Five faces of trust: An empirical confirmation in urban elementary schools. *Journal of School Leadership* 9(3), 184~208.

Jakobi, A. and K. Martens(2010). Expanding and intensifying governance: the OECD in education policy. In K. Martens and A. P. Jakobi(eds.), *Mechanisms of OECD Governance: International Incentives for National Policy-making?* Oxford: Oxford University Press, 162~179.

Kickert, W.(1991). Steering at a distance: a new paradigm of public governance in Dutch higher education. Paper for the European Consortium for Political Research, Univ. of Essex.

Lingard, B.(2011). Policy as numbers: ac/counting for educational research. *Australian Education Research* 38, 355~382.

Lingard, B. and Rowell, S.(2011). New scalar politics: implications for education policy. *Comparative Education* 47, 367~377.

Lingard, B. and Sellar, S.(2016). The changing organizational and global significance of the OECD's education work. In Mundy, K., Green, A., Lingard, B., and Verger, A.(eds.). *The Handbook of Global Education Policy*. Chichester: WILEY Blackwell, 357~373.

Lortie, Dan C. (1972). *School teacher: a sociological analysis*. 진동섭 옮김(1993). 교직사회: 교직과 교사의 삶. 서울: 양서원.

Lyotard, J-F.(1979). *La Condition Postmoderne*. 이현복 옮김(1992). 포스트모던적 조건: 정보사회에서의 지식의 위상. 파주: 서광사.

Martens, K., P. Knodel, and M. Windzio(eds.)(2014). *Internationalization* of *Education Policy: A New Constellation of Statehood in Education*. Hamspire: Palgrave Macmillan.

Miles, M.B., Finding keys to school change: A 40-year odyssey. in Hargreaves et al.(eds.). *International Handbook of Educational Change(I)*. Dordrecht·Boston·London: Kluwer Academic Publishers, 37~69.

Moe, T.(1984). The new economics of education. *American Journal of Political Science* 28(4), 739~777.

Mundy, K. and Ghali, M.(2009). International and transnational policy actors in education: a review of the research. in Sykes, G., Schneider, B. and Plank, D.(eds.). *Handbook of Education Policy Research*. New York: Routledge, 717~734.

Murphy, J.(1993). Restructuring: In search of a movement. in Murphy, J. & Hallinger, P.(eds.). *Restructuring Schooling: Learning from Ongoing Efforts*. New York: Corwin Press, 1~31.

Murphy, J. & Hallinger, P.(1993). Restructuring schooling: learning from ongoing efforts. in Murphy, J. & Hallinger, P.(eds.) *Restructuring Schooling: Learning from Ongoing Efforts*. New York: Corwin Press, 251~271.

Nagel, A-K., Martens, K. and Windzio, M.(2010). Introduction-Education policy in transformation. in Martins, K., Nagel, A-K., Windzio, M. and Weymann, A.(eds.). *Transformation of Education Policy*. Hamspire: Palgrave Macmillan, 3~27.

National Commission on Excellence in Education(1983). *A Nation at Risk: The Imperative for Educational Reform*.

Neave, G.(1988). On the cultivation of quality, efficiency and enterprise: An overview of recent trends in higher education in western Europe, 1968-1988. *European Journal of Education* 23(1/2), 7~23.

Nóvoa, A., and T. Yariv-Mashal(2003). Comparative research in education: a mode of governance or a historical journey. *Comparative Education* 39(4), 423~439.

Nussbaum, M.(2010). *Not for Profit*. Princeton University Press. 우석영 옮김

(2016). 학교는 시장이 아니다(2판). 파주: 궁리.

OECD(1995). *Governance in Transition: Public Management Reforms in OECD Countries*. Paris: OECD.

OECD(2018). The future of we want(the future of education and skills Education 2030).

Olssen, M. Codd, J. and O'Neill, A-M.(2004). *Education Policy: Globalization, Citizenship and Democracy*. 김용 옮김(2015). 신자유주의 교육정책, 계보와 그 너머: 세계화·시민성·민주주의. 서울: 학이시습.

Osborne, D. and T, Gaebler(1992). *Reinventing Government*. 삼성경제연구소 옮김(1994). 정부 혁신의 길. 서울: 삼성경제연구소.

Ozga, J.(2009). Governing education through data in England: from regulation to self-regulation. *Journal of Education Policy* 24(2), 149~162.

Ozga, J., P. Dahler-Larsen, C. Segerholm, and H. Simola(eds.)(2011). *Fabricating Quality in Education: Data and Governance in Europe*. London: Routledge.

Palmer, P. J.(1998). *The Courage to Learn*. 이종인·이은정 공역(2016). 가르칠 수 있는 용기(증보판). 서울: 한문화멀티미디어.

Peters, B. G.(1997). *The Future of Governing: Four Emerging Models*. 정용덕 외 공역(1998). 미래의 국정관리. 서울: 법문사.

Peterson, P., McCarthey, S., and Elmore, R.(1996). Learning from school restructuring. *American Educational Research Journal* 33(1), 119~153.

Priestley, M. and Biesta, G.(2013). Introduction: the new curriculum. Priestley, M. and Biesta, G.(eds.). *Reinventing the Curriculum*. London: Bloomsbury.

Putnam, R.(1993). *Making Democracy Work: Civic Traditions in Modern Italy*. Princeton, NJ: Princeton University Press.

Rhodes, R. A. W.(2000). Governance and public administration. In J. Pierre. (eds.). *Debating Governance*. Oxford: Oxford University Press.

Rifkin, J.(2014). *The Zero Marginal Cost Society: The Internet of Things, the Collaborative Commons, and the Eclipse of Capitalism*. 안진환 옮김 (2014). 한계비용 제로 사회-사물인터넷과 공유경제의 부상. 서울: 민음사.

Rizvi, F. and Lingard, B.(2006). Globalization and the changing nature of the OECD's educational work. in Lauder, H., Brown, P., Dillabough, J-A. and Halsey, A. H.(eds.). *Education, Globalization & Social Change*. Oxford: Oxford University Press, 247~260.

Roberts-Holmes, G. and A. Bradbury.(2016). Governance, accountability and the datafication of early education in England. *British Educational Research Journal* 42(4), 600~631.

Rohlen, T.(1980). The Juku phenomenon: an exploratory essay. *Journal of Japanese Studies* 6(2), 207~242.

Rose, N.(1999). *Powers of Freedom: Reframing Political Thought*. Cambridge: Cambridge University Press.

Rousseau, D., Sitkin, S .B., Burt, R., & Camerer, C.(1998). Not so different after all: A cross-discipline view of trust. *Academy of Management Review* 23, 393~404.

Routledge, S., D. Anagnostopoulos, and R. Jacobson(2013). The infrastructure of accountability: tensions, implications, and concluding thoughts. In Anagnostopoulos, D., S. Routledge, and R. Jacobson(eds.) (2013). *The Infrastructure of Accountability: Data Use and the Transformation of American Education*. Cambridge, MA: Harvard Education Press, 213~228.

Sahlberg, P.(2010). Rethinking accountability in a knowledge society. *Journal of Educational Change* 11(1), 45~61.

Sahlberg, P.(2016). The global education reform movement and its impact on schooling. in Mundy, K., Green, A., Lingard, B. and Verger, A.(eds.). *The Handbook of Global Education Policy*. WILEY Blackwell, 128~144.

Sellar, S. and B. Lingard(2014). The OECD and the expansion of PISA: new global modes of governance in education. *British Educational Research Journal* 40(6), 917~936.

Sergiovanni, T. J.(1992). *Moral Leadership: Getting to the Heart of School Improvement*. 주삼환 옮김(2008). 도덕적 리더십: 학교교육 향상의 길잡이. 서울: 시그마프레스.

Smyth, J.(1993). *A Socially Critical View of the Self-Managing School*. London: The Falmer Press.

Torrance, H.(2006). Globalizing empiricism: what, if anything, can be learned from international comparisons of educational achievement? In Lauder, H., P. Brown, J-A. Dillabough, and A.H. Halsey(eds.). *Education, Globalization & Social Change*. Oxford: Oxford University Press, 824~834.

Tyack, D.(1974). *The One Best System: A History of American Urban Education*. Harvard University Press.

Walford, G.(1993). Self-managing schools, choice and equity. in Smyth, J.(ed.). *A Socially Critical View of the Self-Managing School*. London: The Falmer Press, 229~244.

Whitty, J.(2002). *Making Sense of Education Policy: Studies in the Sociology and Politics of Education*. 김달효 옮김(2012). 신자유주의 교육정책의 비판-교육정치학과 교육사회학의 관점. 서울: 학지사.

Whitty, G., Power, S., & Halipin, D.(1998). *Devolution and Choice in Education-The School, the State and the Market*. 이병곤 외 옮김(2000). 학교, 국가 그리고 시장: 신자유주의 교육개혁의 예정된 실패. 서울: 내일을여는책.

Williamson, B.(2014). New governance experts in education: self-learning software, policy labs and transactional pedagogies. In Fenwick, T., E. Mangez, and J. Ozga(eds.) *Governing Knowledge: Comparison, Knowledge-Based Technologies and Expertise in the Regulation of Education*. London: Routledge, 281~231.

Young, M.(2008). From constructivism to realism in the sociology of the curriculum. *Review of Research in Education* 32, 1~28.

찾아보기

삶의 행복을 꿈꾸는 교육은 어디에서 오는가?

● **교육혁명을 앞당기는 배움책 이야기** 혁신교육의 철학과 잉걸진 미래를 만나다!

● 비고츠키 선집 시리즈 발달과 협력의 교육학 어떻게 읽을 것인가?

 생각과 말
레프 세묘노비치 비고츠키 지음
배희철·김용호·D. 켈로그 옮김 | 690쪽 | 값 33,000원

 도구와 기호
비고츠키·루리야 지음 | 비고츠키 연구회 옮김
336쪽 | 값 16,000원

 어린이 자기행동숙달의 역사와 발달 I
L.S. 비고츠키 지음 | 비고츠키 연구회 옮김
564쪽 | 값 28,000원

 어린이 자기행동숙달의 역사와 발달 II
L.S. 비고츠키 지음 | 비고츠키 연구회 옮김
552쪽 | 값 28,000원

 어린이의 상상과 창조
L.S. 비고츠키 지음 | 비고츠키 연구회 옮김
280쪽 | 값 15,000원

 비고츠키와 인지 발달의 비밀
A.R. 루리야 지음 | 배희철 옮김 | 280쪽 | 값 15,000원

 수업과 수업 사이
비고츠키 연구회 지음 | 196쪽 | 값 12,000원

 비고츠키의 발달교육이란 무엇인가?
비고츠키교육학실천연구모임 지음 | 412쪽 | 값 21,000원

 비고츠키 철학으로 본 핀란드 교육과정
배희철 지음 | 456쪽 | 값 23,000원

 성장과 분화
L.S. 비고츠키 지음 | 비고츠키 연구회 옮김
308쪽 | 값 15,000원

 연령과 위기
L.S. 비고츠키 지음 | 비고츠키 연구회 옮김
336쪽 | 값 17,000원

 의식과 숙달
L.S. 비고츠키 지음 | 비고츠키 연구회 옮김
348쪽 | 값 17,000원

 분열과 사랑
L.S. 비고츠키 지음 | 비고츠키 연구회 옮김
260쪽 | 값 16,000원

 성애와 갈등
L.S. 비고츠키 지음 | 비고츠키 연구회 옮김
268쪽 | 값 17,000원

 흥미와 개념
L.S. 비고츠키 지음 | 비고츠키 연구회 옮김
408쪽 | 값 21,000원

 관계의 교육학, 비고츠키
진보교육연구소 비고츠키교육학실천연구모임 지음
300쪽 | 값 15,000원

 비고츠키 생각과 말 쉽게 읽기
진보교육연구소 비고츠키교육학실천연구모임 지음
316쪽 | 값 15,000원

 교사와 부모를 위한 비고츠키 교육학
카르포프 지음 | 실천교사번역팀 옮김
308쪽 | 값 15,000원

 혁신교육, 철학을 만나다
브렌트 데이비스·데니스 수마라 지음
현인철·서용선 옮김 | 304쪽 | 값 15,000원

 혁신교육 존 듀이에게 묻다
서용선 지음 | 292쪽 | 값 14,000원

 다시 읽는 조선 교육사
이만규 지음 | 750쪽 | 값 33,000원

 대한민국 교육혁명
교육혁명공동행동 연구위원회 지음
224쪽 | 값 12,000원

 경쟁을 넘어 발달 교육으로
현광일 지음 | 288쪽 | 값 14,000원

 독일 교육, 왜 강한가?
박성희 지음 | 324쪽 | 값 15,000원

 핀란드 교육의 기적
한넬레 니에미 외 엮음 | 장수명 외 옮김
456쪽 | 값 23,000원

 한국 교육의 현실과 전망
심성보 지음 | 724쪽 | 값 35,000원

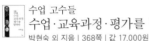

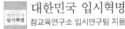

학교 혁신의 길, 아이들에게 묻다
남궁상운 외 지음 | 272쪽 | 값 15,000원

 학교 민주주의의 불한당들
정은균 지음 | 276쪽 | 값 14,000원

 프레이리의 사상과 실천
사람대사람 지음 | 352쪽 | 값 18,000원
2018 세종도서 학술부문

 교육과정, 수업, 평가의 일체화
리사 카터 지음 | 박승열 외 옮김 | 196쪽 | 값 13,000원

 혁신학교, 한국 교육의 미래를 열다
송순재 외 지음 | 608쪽 | 값 30,000원

 학교를 개선하는 교장
지속가능한 학교 혁신을 위한 실천 전략
마이클 풀란 지음 | 서동연·정효준 옮김 | 216쪽 | 값 13,000원

  페다고지를 위하여
프레네의 『페다고지 불변요소』 읽기
박찬영 지음 | 296쪽 | 값 15,000원

 공자뎐, 논어는 이것이다
유문상 지음 | 392쪽 | 값 18,000원

 노자와 탈현대 문명
홍승표 지음 | 284쪽 | 값 15,000원

 교사와 부모를 위한
발달교육이란 무엇인가?
현광일 지음 | 380쪽 | 값 18,000원

 선생님, 민주시민교육이 뭐예요?
염경미 지음 | 244쪽 | 값 15,000원

 교사, 이오덕에게 길을 묻다
이무완 지음 | 328쪽 | 값 15,000원

 어쩌다 혁신학교
유우석 외 지음 | 380쪽 | 값 17,000원

 낙오자 없는 스웨덴 교육
레이프 스트란드베리 지음 | 변광수 옮김
208쪽 | 값 13,000원

 미래, 교육을 묻다
정광필 지음 | 232쪽 | 값 15,000원

 끝나지 않은 마지막 수업
장석웅 지음 | 328쪽 | 값 20,000원

 대학, 협동조합으로 교육하라
박주희 외 지음 | 252쪽 | 값 15,000원

 경기꿈의학교
진흥섭 외 지음 | 360쪽 | 값 17,000원

 입시, 어떻게 바꿀 것인가?
노기원 지음 | 306쪽 | 값 15,000원

 학교를 말한다
이성우 지음 | 292쪽 | 값 15,000원

 촛불시대, 혁신교육을 말하다
이용관 지음 | 240쪽 | 값 15,000원

 행복도시 세종,
혁신교육으로 디자인하다
곽순일 외 지음 | 392쪽 | 값 18,000원

 라운드 스터디
이시이 데루마사 외 엮음 | 224쪽 | 값 15,000원

 나는 거꾸로 교실 거꾸로 교사
류광모·임정훈 지음 | 212쪽 | 값 13,000원

 미래교육을 디자인하는 학교교육과정
박승열 외 지음 | 348쪽 | 값 18,000원

 교실 속으로 간 이해중심 교육과정
온정덕 외 지음 | 224쪽 | 값 13,000원

 흥미진진한 아일랜드 전환학년 이야기
제리 제퍼스 지음 | 최상덕·김호원 옮김 | 508쪽 | 값 27,000원
2019 대한민국학술원우수학술도서

 교실, 평화를 말하다
따돌림사회연구모임 초등우정팀 지음
268쪽 | 값 15,000원

 폭력 교실에 맞서는 용기
따돌림사회연구모임 학급운영팀 지음
272쪽 | 값 15,000원

 학교자율운영 2.0
김용 지음 | 240쪽 | 값 15,000원

 그래도 혁신학교
박은혜 외 지음 | 248쪽 | 값 15,000원

 학교자치를 부탁해
유우석 외 지음 | 252쪽 | 값 15,000원

 학교는 어떤 공동체인가?
성열관 외 지음 | 228쪽 | 값 15,000원

 국제이해교육 페다고지
강순원 외 지음 | 256쪽 | 값 15,000원

교사 전쟁
다나 골드스타인 지음 | 유성상 외 옮김
468쪽 | 값 23,000원

시민, 학교에 가다
최형규 지음 | 260쪽 | 값 15,000원

학교를 살리는 회복적 생활교육
김민자·이순영·정선영 지음 | 256쪽 | 값 15,000원

교사를 위한 교육학 강의
이형빈 지음 | 336쪽 | 값 17,000원

새로운학교 학생을 날게 하다
새로운학교네트워크 총서 02 | 408쪽 | 값 20,000원

세월호가 묻고 교육이 답하다
경기도교육연구원 지음 | 214쪽 | 값 13,000원

미래교육, 어떻게 만들어갈 것인가?
송기상·김성천 지음 | 300쪽 | 값 16,000원
2019 세종도서 교양부문

교육에 대한 오해
우문영 지음 | 224쪽 | 값 15,000원

혁신교육지구 현장을 가다
이용운 외 4인 지음 | 344쪽 | 값 18,000원

배움의 독립선언, 평생학습
정민승 지음 | 240쪽 | 값 15,000원

선생님, 페미니즘이 뭐예요?
염경미 지음 | 280쪽 | 값 15,000원

평화의 교육과정 섬김의 리더십
이준원·이형빈 지음 | 292쪽 | 값 16,000원

수포자의 시대
김성수·이형빈 지음 | 252쪽 | 값 15,000원

혁신학교와 실천적 교육과정
신은희 지음 | 236쪽 | 값 15,000원

삶의 시간을 잇는 문화예술교육
고영직 지음 | 292쪽 | 값 16,000원

혐오, 교실에 들어오다
이혜정 외 지음 | 232쪽 | 값 15.000원

혁신교육지구와 마을교육공동체는 어떻게 만들어지는가?
김태정 지음 | 376쪽 | 값 18,000원

선생님, 특성화고 자기소개서 어떻게 써요?
이지영 지음 | 322쪽 | 값 17,000원

학생과 교사, 수업을 묻다
전용진 지음 | 344쪽 | 값 18,000원

혁신학교의 꽃, 교육과정 다시 그리기
안재일 지음 | 344쪽 | 값 18,000원

● **살림터 참교육 문예 시리즈** 영혼이 있는 삶을 가르치는 온 선생님을 만나다!

꽃보다 귀한 우리 아이는
조재도 지음 | 244쪽 | 값 12,000원

성깔 있는 나무들
최은숙 지음 | 244쪽 | 값 12,000원

아이들에게 세상을 배웠네
명혜정 지음 | 240쪽 | 값 12,000원

밥상에서 세상으로
김흥숙 지음 | 280쪽 | 값 13,000원

우물쭈물하다 끝난 교사 이야기
유기창 지음 | 380쪽 | 값 17,000원

선생님이 먼저 때렸는데요
강병철 지음 | 248쪽 | 값 12,000원

서울 여자, 시골 선생님 되다
조경선 지음 | 252쪽 | 값 12,000원

행복한 창의 교육
최창의 지음 | 328쪽 | 값 15,000원

북유럽 교육 기행
정애경 외 14인 지음 | 288쪽 | 값 14,000원

시험 시간에 웃은 건 처음이에요
조규선 지음 | 252쪽 | 값 15,000원

● 더불어 사는 정의로운 세상을 여는 인문사회과학 사람의 존엄과 평등의 가치를 배운다

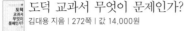

 밥상혁명
강양구·강이현 지음 | 298쪽 | 값 13,800원

 도덕 교과서 무엇이 문제인가?
김대용 지음 | 272쪽 | 값 14,000원

 자율주의와 진보교육
조엘 스프링 지음 | 심성보 옮김 | 320쪽 | 값 15,000원

 민주화 이후의 공동체 교육
심성보 지음 | 392쪽 | 값 15,000원
2009 문화체육관광부 우수학술도서

 갈등을 넘어 협력 사회로
이창언·오수길·유문종·신윤관 지음
280쪽 | 값 15,000원

 동양사상과 마음교육
정재걸 외 지음 | 356쪽 | 값 16,000원
2015 세종도서 학술부문

 교과서 밖에서 배우는 철학 공부
정은교 지음 | 280쪽 | 값 14,000원

 교과서 밖에서 배우는 사회 공부
정은교 지음 | 304쪽 | 값 15,000원

 교과서 밖에서 배우는 윤리 공부
정은교 지음 | 292쪽 | 값 15,000원

 한글 혁명
김슬옹 지음 | 388쪽 | 값 18,000원

 우리 안의 미래교육
정재걸 지음 | 484쪽 | 값 25,000원

 왜 그는 한국으로 돌아왔는가?
황선준 지음 | 364쪽 | 값 17,000원
2019 세종도서 교양부문

 공간, 문화, 정치의 생태학
현광일 지음 | 232쪽 | 값 15,000원

 인공지능 시대의 사회학적 상상력
홍승표 지음 | 260쪽 | 값 15,000원

동양사상과 인간 그리고 사회
이현지 지음 | 418쪽 | 값 21,000원

 좌우지간 인권이다
안경환 지음 | 288쪽 | 값 13,000원

 민주시민교육
심성보 지음 | 544쪽 | 값 25,000원

 민주시민을 위한 도덕교육
심성보 지음 | 500쪽 | 값 25,000원
2015 세종도서 학술부문

 교과서 밖에서 배우는 인문학 공부
정은교 지음 | 280쪽 | 값 13,000원

 오래된 미래교육
정재걸 지음 | 392쪽 | 값 18,000원

 대한민국 의료혁명
전국보건의료산업노동조합 엮음 | 548쪽 | 값 25,000원

 교과서 밖에서 배우는 고전 공부
정은교 지음 | 288쪽 | 값 14,000원

 전체 안의 전체 사고 속의 사고
김우창의 인문학을 읽다
현광일 지음 | 320쪽 | 값 15,000원

 카스트로, 종교를 말하다
피델 카스트로·프레이 베토 대담 | 조세종 옮김
420쪽 | 값 21,000원

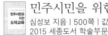 **일제강점기 한국철학**
이태우 지음 | 448쪽 | 값 25,000원

 한국 교육 제4의 길을 찾다
이길상 지음 | 400쪽 | 값 21,000원
2019 세종도서 학술부문

 마을교육공동체 생태적 의미와 실천
김용련 지음 | 256쪽 | 값 15,000원

교육과정에서 왜 지식이 중요한가
심성보 지음 | 440쪽 | 값 23,000원

 식물에게서 교육을 배우다
이차영 지음 | 260쪽 | 값 15,000원

● 평화샘 프로젝트 매뉴얼 시리즈 학교폭력에 대한 근본적인 예방과 대책을 찾는다

학교폭력 어떻게 만들어지는가
문재현 외 지음 | 300쪽 | 값 14,000원

학교폭력, 멈춰!
문재현 외 지음 | 348쪽 | 값 15,000원

왕따, 이렇게 해결할 수 있다
문재현 외 지음 | 236쪽 | 값 12,000원

젊은 부모를 위한 백만 년의 육아 슬기
문재현 지음 | 248쪽 | 값 13,000원

우리는 마을에 산다
유양우·신동명·김수동·문재현 지음
312쪽 | 값 15,000원

누가, 학교폭력 해결을 가로막는가?
문재현 외 지음 | 312쪽 | 값 15,000원

아이들을 살리는 동네
문재현·신동명·김수동 지음 | 204쪽 | 값 10,000원

평화! 행복한 학교의 시작
문재현 외 지음 | 252쪽 | 값 12,000원

마을에 배움의 길이 있다
문재현 지음 | 208쪽 | 값 10,000원

별자리, 인류의 이야기 주머니
문재현·문한뫼 지음 | 444쪽 | 값 20,000원

동생아, 우리 뭐 하고 놀까?
문재현 외 지음 | 280쪽 | 값 15,000원

● 남북이 하나 되는 두물머리 평화교육 분단 극복을 위한 치열한 배움과 실천을 만나다

10년 후 통일
정동영·지승호 지음 | 328쪽 | 값 15,000원

분단시대의 통일교육
성래운 지음 | 428쪽 | 값 18,000원

한반도 평화교육 어떻게 할 것인가
이기범 외 지음 | 252쪽 | 값 15,000원

선생님, 통일이 뭐예요?
정경호 지음 | 252쪽 | 값 13,000원

김창환 교수의 DMZ 지리 이야기
김창환 지음 | 264쪽 | 값 15,000원

● 창의적인 협력 수업을 지향하는 삶이 있는 국어 교실 우리말 글을 배우며 세상을 배운다

**중학교 국어 수업
어떻게 할 것인가?**
김미경 지음 | 340쪽 | 값 15,000원

토닥토닥 토론해요
명혜정·이명선·조선미 엮음 | 288쪽 | 값 15,000원

어린이와 시
오인태 지음 | 192쪽 | 값 12,000원

언어던
정은균 지음 | 268쪽 | 값 15,000원
2019 세종도서 교양부문

감각의 갱신, 화장하는 인민
남북문학예술연구회 | 380쪽 | 값 19,000원

토론의 숲에서 나를 만나다
명혜정 엮음 | 312쪽 | 값 15,000원

인문학의 숲을 거니는 토론 수업
순천국어교사모임 엮음 | 308쪽 | 값 15,000원

수업, 슬로리딩과 함께
박경숙 외 지음 | 268쪽 | 값 15,000원

민촌 이기영 평전
이성렬 지음 | 508쪽 | 값 20,000원

참된 삶과 교육에 관한 생각 줍기